subkultur

„Was für eine Zeit ...“

www.edition.subkultur.de

Julian Schraven, geboren 1988, ist Autor, Musiker, DJ und lebt in Köln. Seit 2014 legt er elektronische Tanzmusik vor Publikum auf und ist seit 2019 Teil des Electronica-Duos gázel. Er war zu Gast auf unzähligen Festivals.

„In den Kronen" ist sein erster Roman.

www.julian-schraven.de

subkultur

Julian Schraven

In den Kronen

ein rave movie

www.edition.subkultur.de

Playlist zum Buch auf Spotify

JULIAN SCHRAVEN: **„In den Kronen“** Ein Rave Movie
2. Auflage, Februar 2025, Edition Subkultur Berlin

Inh. Marion Alexa Müller, Bornholmer Str. 81a, 10439 Berlin
www.subkultur.de - impressum@periplaneta.eu

Cover, Autorenfoto: Sunnyi Löhmann (www.sunnyiloehmann.de)
Lektorat, Satz & Layout: Thomas Manegold
Schriftfamilie: Matrix II by Zuzana Licko

Made in Berlin, Germany
Gedruckt auf FSC- und PEFC-zertifiziertem Werkdruckpapier

print ISBN: 978-3-948949-22-8
epub ISBN: 978-3-948949-23-5

Abfahrt!

Ich hatte unseren Camper gerade mit leichtem Ruckeln auf dem Parkplatz vor dem Flughafen zum Stehen gebracht, da wachte Ludger auf.

„Wo?", fragte er.

„Flughafen", sagte ich.

Er drehte sich wieder zur Seite und zog sich seine Decke über die Schulter. Es war kurz nach zwölf Uhr mittags. Ludger schlief auf der Rückbank wieder ein und ich putzte mir die Zähne. Wir warteten auf Prinzessin van Mayer. Sie sollte soeben hier gelandet und jetzt auf dem Weg zu uns auf den Parkplatz sein. Ich wusste, dass sie gleich aus der Eingangshalle kommen würde und es dauerte auch keine zehn Minuten, bis ich sie an der hohen Schiebetür ein paar Meter weiter erkennen konnte. Obwohl wir uns erst vor wenigen Tagen verabschiedet hatten, freute ich mich sehr, sie wiederzusehen und so umarmten wir uns länger als sonst. Letzte Woche waren wir noch gemeinsam nach Porto geflogen. Allerdings war ich nach drei Tagen schon wieder abgereist. Ich hatte noch einen Auftritt, von dem ich jetzt gerade mit Ludger kam. Wir hatten kaum geschlafen, weshalb er sofort nach der Abfahrt aus dem Hotel die Augen schloss und seither nicht mehr wirklich ansprechbar war.

Als die Prinzessin in den Camper einstieg und die Tür zuzog, wurde er nochmal kurz wach. Das Knallen der Tür markierte den Startschuss für unsere Wochenendtour. Zum ersten Mal waren wir zu dritt unterwegs: Die Prinzessin und ich, um zusammen aufzulegen, Ludger, um dabei auf uns aufzupassen. Unterwegs waren wir in Ludgers Camper, der eigentlich gar kein Camper war, sondern ein umgebauter Kastenwagen. Unser Ziel war das **„Anker Lichten"**-Festival. Es startete am nächsten Tag und endete am darauffolgenden Sonntag. Von diesen Festivals würden wir in den kommenden Monaten fast an jedem Wochenende mindestens eines sehen, manchmal mehrere.

„Das Gras war super krass im Club. Wow. Also. Wow", fing die Prinzessin sofort nach der Abfahrt an zu erzählen. „Ich habe es innerhalb meines gesamten Aufenthalts nicht geschafft, so ein gutes Gras zu finden. Wow. Wirklich gut."

„Und war das also gutes Gras?", fragte ich.

„Nein. Das war richtig gutes Gras. Aber es gab auch Drinks, weißt du?"

„Und ich nehme an, aufs Haus", antwortete ich. Die Prinzessin hatte eine leichte Alkoholfahne. Gar nicht schlimm. Aber existent.

„Ich wollte eigentlich noch mehr Gras für uns alle kaufen, weißt du?"

„Ach so. Und hast du? Hast du was im Flieger mitgenommen?"

„Nee. Ich bin ja nicht blöd. Die Portoaner und Portorinnen schwimmen in Gras. Gutem Gras. Ich habe daran gerochen. Wow. Ich finde man sollte es einfach ohne Tabak rauchen. Wäre viel besser. Seitdem ich nicht mehr rauche, schmeckt mir Tabak eh nicht mehr. Das ist der einzige Vorteil am Nichtrauchen. Dass es mir nicht mehr schmeckt."

Manchmal verstand ich die Prinzessin nicht beim ersten Mal, wenn sie etwas erzählte. Ich dachte dann meistens zwei Mal darüber nach und das half. Ich hatte Angst, ich würde blöd wirken, wenn ich jedes Mal fragte, wenn ich etwas nicht verstand. Ludger hatte sich inzwischen mit angezogenen Knien in die Decke gerollt und sein Gesicht an das Fenster des Campers gedrückt. Für rechts Überholende musste es lustig ausgesehen haben, wie sein Kopf mit offenem Mund an der Scheibe lehnte.

„Einen Nikotinflash kann ich ja inzwischen sauber vom High eines Joints unterscheiden. Aber gefallen tut er mir auch nicht mehr", sagte die Prinzessin.

Wir beide waren es ja gewohnt, wenig zu schlafen und lange Fahrten auf uns zu nehmen. Auch Ludger war mit dem Camper schon unzählige Kilometer gefahren. Diese Nacht hatte er allerdings kein Auge zugemacht und war somit gezwungen, jetzt zu schlafen. Er lernte gerade, was die Prinzessin und ich schon lange wussten, und zwar abzuschätzen, wann es sich lohnte zu schlafen und welche ungeliebten Zeiträume man damit überbrücken konnte. Eine lange Autofahrt war dafür gut, auch wenn sie unbequem war. Die Reisen waren ein Hauptbestandteil von dem, was die Prinzessin und ich machten. Genauso bestand unser Leben auf Tour aber aus Warten. Warten auf den Auftritt. Warten auf das Taxi. Warten auf den Zug. Warten auf den Veranstalter. Warten auf den Check-in. Warten, Warten, Warten. Sich zu unterhalten war ein weiteres Mittel, die Zeit zu überbrücken. Allerdings wurde auch das irgendwann schwierig, wenn man so viel Zeit miteinander verbracht hatte wie die Prinzessin und ich. Und Ludger konnte gerade nicht reden. Irgendwann reichten Alltagsthemen nicht mehr aus, irgendwann wurde die Politik zu langweilig und irgendwann hatten wir auch jede Geschichte aus unserem Leben erzählt. Irgendwann half es einfach nur noch, Quatsch zu erfinden und zeitgleich zu erzählen. Alle unsere Fahrten, egal ob in Bus, Bahn oder Auto, gestalteten sich daher früher oder später so, dass wir irgendeinen Running Gag, den es im Zweifel schon seit Jahren gab, auf die Spitze trieben oder Fahrtspiele spielten oder einfach nur Blödsinn redeten. Prinzessin van Mayer saß inzwischen so weit nach vorne gelehnt, dass ihr Kopf mit dem Lenkrad gleich auf war. Plötzlich hob sie ihn und schwenkte zu mir hinüber.

„Ich glaube Ludger sabbert gleich voll ab“, flüsterte sie in mein Ohr, um ihn nicht zu wecken.

„Wieso? Ludger sabbert doch nicht. Und ich kann das sehen. Ludger schläft einfach nur.“

„Und du? Hast du denn überhaupt schon geschlafen?“

„Ja, schon. Aber das war vor dem Auftritt. Aber sollte rein rechnerisch klargehen, was ich hier mache. Und du? Hast du geschlafen?“

„Im Flieger konnte man ganz hervorragend schlafen, sage ich dir“, antwortete die Prinzessin wieder etwas lauter.

In diesem Moment fiel mir wieder ein, dass sie mir ja bereits geschrieben hatte, als sie aus dem Club zum Flughafen gefahren war.

„Hat denn alles wie geplant geklappt?“

„Na klar. Es ist überhaupt nichts Aufregendes passiert nach dem Auftritt. Ich bin in ein Taxi gestiegen und zum Flughafen gefahren. So wie ein ganz vernünftiger Mensch.“ Die Prinzessin machte eine kurze Pause und schaute starr nach vorne auf die Straße. Ich konnte aber erkennen, dass ihr ein Grinsen auf den Lippen stand.

„Es könnte sein, dass ich nach dem Auftritt noch ein oder sechs Bier getrunken habe. Aber ziemlich bald danach war ich dann auch im Flieger und habe geschlafen“, fuhr sie fort und lachte.

Ich fragte mich, was die Prinzessin wohl schon alles konsumiert hatte, als sie den Club verließ und in welchem geistigen Zustand sie sich jetzt, mit etwa drei oder vier Stunden Schlaf, befinden würde.

„Was macht dein Retox?“, fragte sie.

„Mein Retox steht noch an. Ich dachte, ich hebe es mir für das Wochenende auf.“

„Schlau bist du.“

„Das waren drei interessante Monate.“

Ich hatte mir den Frühling des Jahres in Teilen dafür genommen, meinen Konsum auf null zu setzen. Das war eine schwierige Angelegenheit. Den Plan dafür hatte ich ein ganzes Jahr davor gefasst, hatte mich aber von Monat zu Monat selbst hingehalten. Zuerst war meine Ausrede, dass ich das nicht sofort machen müsse, ich hätte ja noch etwas Zeit. Danach hatte ich mir eingeredet, der Detox käme von alleine und würde sich wie eine glückliche Fügung ergeben. Ich bräuchte überhaupt nichts zu tun, da mein Leben sowieso Schicksal wäre und alles seine Zeit hätte. Ich bildete mir ein, die Lust auf Drogen nach und nach zu verlieren oder regulieren zu können, bis ich irgendwann von alleine zu einem Konsumlevel kommen würde, welches als durchschnittlich oder vielleicht sogar normal bezeichnet werden könnte. Dann versuchte ich es damit, kein Geld mehr für Drogen auszugeben und nur noch dann zu konsumieren, wenn es sich in Gesellschaft anbot. Diese Variante machte mich durchaus gesellig und obwohl ich am Wochenende schon viel unter Menschen war, begab ich mich auch unter der Woche zu oft in konsumierende Gesellschaft. Kurz darauf folgte, wie bei jedem anderen Versuch auch, ein schnelles Hinschmeißen aller Vorhaben.

Ohne regelmäßige Auftritte von Anfang Januar bis Ende Februar und schlussendlich im Frühling schaffte ich es dann, einen temporären Absprung hinzulegen und bis zum heutigen Tag keine Drogen zu konsumieren, von Cannabis abgesehen. Klar.

Ich stellte fest, dass sich viele Bereiche des Lebens änderten, wenn man nicht mehr ballerte. Es gab sowas wie einen Schlafrhythmus. Ich wurde zur richtigen Zeit müde und zur richtigen Zeit wach. Ich war aufmerksamer. Ich war schneller. Im Kopf und zu Fuß. Ich war unternehmungslustiger und spontaner. Montag und Dienstag wurden zu ganz normalen Tagen und die Vorfreude aufs Wochenende nahm ein vernünftiges Level an. Ich genoss diese Zeit, zumal ich wusste, dass sie auch wieder ein Ende finden würde. Das Ende dieser Zeit war jetzt. Jetzt war Retox. Ich wusste das. Die Prinzessin wusste das. Sie war es, die mir einen Detox und einen Retox erfolgreich vorgemacht hatte. Endlich hatte ich es geschafft, nachzuziehen. Wir hatten eine ganz eigene Geschichte und diese dauerte auch schon etwas länger an. Wir waren nie ein Paar gewesen und hatten nie miteinander geschlafen. Wir hatten uns nie geküsst. Wir hatten nie irgendeinen peinlichen Moment gehabt. Und trotzdem waren wir uns immer schon nah gewesen. Sicherlich aufgrund der vielen Zeit, die wir miteinander hatten. Aber mehr noch wegen der Art und Weise, wie wir beide miteinander kommunizierten, miteinander umgingen und immer darauf achteten, alles in unserem Verhältnis zueinander in Balance zu halten: Gutes, Schlechtes, Emotionales, Vertrautes, Sicherheit, sowas. Das funktionierte mal besser und mal schlechter. Oft war es ein Drahtseilakt, bei dem aber bisher noch niemand vom Seil gefallen war. Unser erstes wirklich tiefsinniges Gespräch hatten wir, da balancierte sie gerade auf einer Slackline zwischen zwei Bäumen, direkt neben einem Dancefloor eines Open-Air-Raves, mitten im Wald, neben dem Autobahnkreuz. Ich kannte dort niemanden außer ihr. Außerdem war das der Abend, an dem ich meine allererste Pille nahm.

„Wenn du das jetzt nimmst, verfällst du morgen und übermorgen und vielleicht noch länger in eine schwere Depression. Wenn dir das jemand sagen kann, dann ich, denn niemand kennt dich hier so gut und so lange wie ich“, war der erste Ratschlag, den ich in meinem Leben von der Prinzessin bekam. Da kannten wir uns gerade mal ein paar Stunden. Dennoch hatte sie recht, als sie mir mit ihren Augen eindrücklich vermittelte, was ihrer Meinung nach nun das Beste für mich war: die Ironie in ihrer Stimme zu erkennen und die Pille zu schlucken. „Hör auf mich“, sagte sie mit der Anmutung einer Weisen und dem Tonfall einer Kartenlegerin. Also hörte ich auf sie und nahm die Pille. Die Prinzessin sollte mit allem, was sie sagte, recht behalten. Vom Open-Air fuhren wir mit der Bahn zu mir nach Hause und verbrachten das restliche Wochenende zusammen. Das war inzwischen knappe zwei Jahre her. Wir hatten hart connected und waren von da an kaum noch alleine unterwegs und nach und nach immer mehr zu einem Duo Infernale geworden. Wenn wir etwas unternahmen, unternahmen wir es zu zweit. Und wenn wir nichts unternahmen, dann meistens auch zu zweit. Viele Menschen kannten uns nur im Doppelpack. Die Prinzessin hing ständig auf meiner Couchlandschaft und ich auf dem Balkon in ihrer WG mit ihrer Mitbewohnerin Franca. Wenn sie in den ersten Wochen, die wir uns kannten, noch in einer Kneipe in meinem Viertel, der „Frieda", hinter der Theke stand, dann saß ich meist davor. Stand sie später am Abend hinter dem DJ-Pult, stand ich daneben. Und irgendwann fingen wir an, zusammen aufzulegen. Es schien mir anfangs so, als hätte sie viel mehr Erfahrung in allem, als hätte sie schon mehr gesehen und erlebt, als würde sie überhaupt viel mehr Menschen und Orte kennen. Dass das faktisch nicht so war, erkannte ich aber schon nach kurzer Zeit. Weder hatte sie wesentlich länger als ich aufgelegt, noch hatte sie in mehr Clubs oder auf mehr Festivals gespielt.

„Weißt du, das wirklich Gute daran, gebucht zu werden, ist, dass die Technik auf jeden Fall funktioniert und dass man mit dem Auto irgendwo abgeholt wird und die ganzen Platten nicht durch die halbe Stadt tragen muss."

Auch mit dieser Weisheit sollte sie an einem Abend recht behalten, denn in den folgenden Monaten, in denen wir beide mehr und mehr Gigs spielten, änderte sich nichts daran, was das Auftreten bedeutete: Es war körperlich anstrengend. Man schwitzte viel. Es waren immer Drogen vor Ort, oft bekam man welche vom Veranstalter oder den Nachtmanagern der Clubs angeboten. Man schlug sich die Nächte um die Ohren. Man lebte gegen den normalen und gesellschaftlichen Rhythmus. Es war immer laut. Das soziale Umfeld litt und verschmälerte sich nach und nach. Man umgab sich mit Gleichgesinnten. Man baute seine Bubble auf. Man lebte in seiner Bubble. Jedes Wochenende spielen. Manchmal mehrmals. Große Gigs, kleine Gigs, alles mitnehmen. Inzwischen mit Hotelzimmer, aber teilweise auch weiterhin noch in WG-Zimmern und Gästebetten der Veranstalter. Die Prinzessin und ich waren größtenteils zu zweit unterwegs. Privatsphäre gab es nur im Badezimmer und das auch nur, wenn es ein Badezimmer gab und dann auch nur für zehn Minuten am Tag. Da war so ein Festival noch ein recht humaner Trip. Ein bisschen wie Urlaub eben auch. Und obwohl wir wirklich viel spielten, blieb so, wie wir lebten, gerade genug, um so zu leben, wie wir lebten.

Ich konnte mit der Zeit immer besser nachvollziehen und verstehen, was die Prinzessin sagte und meinte, auch wenn sie oftmals etwas anderes meinte, als sie sagte. Auch das verstand ich ziemlich schnell. Genauso verstand ich ihre Körpersprache immer besser. Sie verdrehte zum Beispiel die Augen, wenn sie genervt war, so dass ich ziemlich schnell genau wusste, warum sie gerade genervt war. Das gelang mir sowohl, wenn sie von mir genervt war als auch von äußeren Umständen. Sofern es möglich war, diese abzustellen, tat ich das und wurde dann von ihr mit einem gütigen, dankbaren Blick belohnt. Wenn sie an ihrem Nasenpiercing herumspielte, wusste ich, dass sie gerade an etwas zu knabbern hatte. Das konnte schon mal einige Stunden so gehen, manchmal Tage. Ich war mir sicher, dass die Prinzessin genauso viele Marotten an mir aufzählen konnte wie ich an ihr. Auch wenn es oft anstrengend war, so viel Zeit miteinander zu verbringen, war es immer wieder unglaublich schön, eine gemeinsame Reise gemacht und einen neuen Ort kennengelernt zu haben. Dass wir ständig auf einer Reise waren, genossen wir und verbrachten sehr viel schöne Zeit mit der Gewissheit unseres unausgesprochenen, aber stetig vorhandenen Versprechens, uns zu vertrauen. Ganz sicher waren die Prinzessin und ich seelenverwandt und seitdem sich unsere irgendwann getrennten Seelen spätestens auf diesem Rave am Anfang eines Sommers wiedergefunden hatten, versuchten wir, wieder eins zu werden.

„So eine Seele ist in so einem Körper schon recht unhandlich verpackt“, sagte die Prinzessin mal zu mir.

Da lagen wir gerade in einem Hotelzimmer nebeneinander auf dem Bett, die Schuhe angezogen und die Gesichter gen Decke, kurz bevor es in den Club ging. Ihr Gedankengang war in diesem Moment die einzig logische Erklärung dafür, dass wir noch immer nicht zu einem gemeinsamen Klumpen seelischer Masse verschmolzen waren. Denn mit der Zeit wurde die Kombination aus ihr und mir immer intensiver und wir verwuchsen immer mehr miteinander. Es fühlte sich verkehrt an, wenn wir nicht in der Nähe des Anderen waren. Zwischen unsere beiden Weltanschauungen und die Art und Weise, diese emotional zu verarbeiten, passte kein Blatt Papier. Nicht in dieser Nacht und auch danach für lange Zeit nicht mehr. Doch geküsst hatten wir uns nie. Nie miteinander geschlafen. Niemals hatte einer von uns beiden daran gedacht, auszusprechen, dass wir ein Paar waren. Niemals würde einer von uns jemandem mit „Ja" antworten, wenn gefragt würde, ob wir zusammen seien. Ob ich schon mal darüber nachgedacht hatte? Ja. Ob sie das auch getan hatte? Bestimmt. Irgendwas war da zwischen uns. Von der Art, wie wir miteinander redeten, bis zu der Musik, die wir zusammen auflegten. Ich wusste, ich hatte einfach irrsinnig gute Menschen zu einer spannenden Zeit getroffen und war jetzt dabei, mit ihnen einen gemeinsamen Weg zu gehen. Die Prinzessin stand dabei mit mir in der ersten Reihe. Vorne links.

Aus all unseren Erfahrungen heraus war es uns wichtig, wiederkehrende Situationen und Momente zu erschaffen, einfach, um ein wenig Routine zu haben. Eine Situation, die wir oft, wenn auch nicht ständig wiederholten, war der Kauf von Eiskonfekt an Raststätten.

„Wir brauchen Benzin und Eiskonfekt", sagte ich, um nicht weiter darüber sprechen zu müssen, wie sehr ich mich auf meinen Retox freute.

„Oh ja. Eiskonfekt. Eiskonfekt", rief die Prinzessin.

In diesem Moment fiel mir ein, dass es sich gerade um den ersten Kauf von Eiskonfekt in dieser Festivalsaison handelte und verstand, warum die Prinzessin sich so darüber freute. Es war ein Happening. Ein Erlebnis. Ein Event. Zumindest machten wir eines daraus. Alles musste irgendwie ein Happening sein. Denn es ging auch immer darum, dem Ganzen die Krone aufzusetzen. Egal, was das Ganze war. Die ganze Nacht, die ganze Party, die ganze Fahrt, die ganze Zeit. Es ging darum, dem Gestern und allen anderen vergangenen Tagen auf gar keinen Fall die Möglichkeit zu geben, die beste Nacht oder der beste Tag oder der beste Rave gewesen zu sein. Wie ein Rechtschreibfehler schlich sich auf jeder guten Party irgendwann der Wunsch ein, die jetzige Party zur besten Party aller Zeiten zu machen. Komme, was wolle. Mehr war mehr und viel half viel.

Prinzessin van Mayer legte ihren Kopf zurück. Mit einer Hand strich sie sich durch ihre schulterlangen Haare. Ihre Augen schlossen sich.

„Wenn hier jemand kiffen will, dann sollte er jetzt vordrehen. Das geht alles von unserer Zeit ab", erklärte ich. „Wir fahren dann gleich mal tanken."

„Das solltest du nochmal sagen, wenn Ludger wieder wach ist", sagte die Prinzessin.

„Ich bin die ganze Zeit wach. Ich habe die Augen zu. Ich höre alles. Ich sabbere nicht. Der Camper ist laut. Ich kann nicht schlafen", entgegnete Ludger, der uns beide damit überraschte. „Das war eine krasse Party!", fügte er hinzu.

„Ja, das stimmt", erwiderte ich.

„Wenn ihr Eiskonfekt kauft, will ich auch was davon ab."

Prinzessin van Mayer drehte sich herum und fragte: „Ludger, bist du eigentlich schlecht gelaunt oder müde oder warum bist du so kurz angebunden? Stimmt was nicht mit deinem Sternzeichen?"

Ludger öffnete die Augen langsam. Die helle Mittagssonne schien ihn zu stören. Nach einem kurzen Räuspern wollte er gerade antworten, als die Prinzessin ihm zuvorkam:

„Oh mein Gott, es ist das Sternzeichen."

❋

Anker Lichten

Das „**Anker Lichten**“-Festival fand in diesem Jahr zum vierten Mal statt. Für uns war es aber eine Premiere und da ein solches Festival nie planbar war, hatten wir den Zufall als ständigen Begleiter bereits eingeplant. Wir spielten unser Set in der Afterhour des Festivals, also in der Nacht von Sonntag auf Montag, kurz nach dem offiziellen Ende des Festivals. Das war gut, denn so hatten wir für den Einstieg in unsere Festivalsaison noch dreieinhalb Tage, an denen wir uns als Besucher akklimatisieren konnten. Der Floor, auf dem wir spielen würden, nannte sich „**In den Kronen**“. Insgesamt besuchten etwa sechstausend Menschen das Festival. Die meisten davon waren heute schon angereist und spazierten über das Gelände. Wir waren mit etwa tausend Festivalbauern, Crewmitgliedern, Künstlern und Gästen von der Gästeliste in einem separaten Camp untergebracht. Ein Hotel gab es weit und breit nicht. Das Festival fand in der tiefsten Einsamkeit statt. In einem riesigen Wald. An einem wunderschönen See.

„Können wir nicht zu weit vom Gelände weg parken, bitte. Ich fände es voll gut, nicht so weit laufen zu müssen“, sagte die Prinzessin, als wir gerade an der Einlasskontrolle vorbei in Richtung des Crewcamps fuhren.

„Da bin ich bei dir“, antwortete Ludger, „ist nur die Frage, ob wir hier noch etwas finden.“

„Da hinten“, sagte die Prinzessin.

„Das ist kein Platz zum Campen“, sagte Ludger.

„Da vorne“, sagte die Prinzessin.

„Da stehen Leute und bauen ihre Zelte auf.“

„Da.“

...

Die Prinzessin zeigte inzwischen nirgendwo mehr hin, wenn sie ein „da“ von sich gab. Sie sagte es einfach nur noch. Es waren eher Reflexe als wirkliche Äußerungen. Sie musste ziemlich müde sein.

„Da vorne können wir hin“, sagte Ludger, als er dann wirklich nur ein paar Meter vom Festivalgelände entfernt noch einen Platz fand, an dem wir parken konnten. Kurz nachdem er und ich ausgestiegen waren und uns das erste Mal seit Stunden die Beine vertreten hatten, stellte er fest, dass die Prinzessin noch im Sitzen eingeschlafen war. Er hingegen war inzwischen der Ausgeschlafenste von uns dreien und hatte jetzt, wo unser Camp gefunden war, noch ein bisschen zu tun. Sobald der Camper länger als eine Nacht an einem Ort stand, kümmerte sich Ludger darum, dass es ihm gut ging. Das ging mal schneller, mal langsamer, aber ich wusste, dass man ihm dabei eh nicht helfen konnte. Das merkte ich schon, als es darum ging zu tanken. Nicht mal das konnte Ludger einem überlassen. Aber das war okay. Der Camper besaß an der rechten Außenseite ein Fach, an dem man ein Rollo hochschieben konnte. Dahinter hatte Ludger eine Außenküche mit Strom und fließendem Wasser installiert. Er hatte den Ladebereich so umgebaut, dass wir dort zu dritt schlafen konnten. War er einmal bei der Sache, dann konnte man ihn auch nicht wieder davon losreißen, bis alles zu Ludgers Zufriedenheit erledigt war. Ich ließ ihn also werkeln und machte mich auf, das Festival zu erkunden. Sicherlich hätte auch ich jetzt schon schlafen können, aber triftige Gründe dafür gab es nicht. Ich war eher neugierig.

Auf dem Weg vom Crewcamp über eine große Lichtung hinweg kam man direkt beim Betreten des Festivalgeländes an der „Werft" vorbei. Das war die Bandbühne. Hier gab es Platz für etwa fünfhundert Menschen. In einem halb zerschellten Schiff war eine Bar eingerichtet. Daneben ein noch intaktes Schiff, auf dem die Bands spielten. Dazwischen unterschiedliche Ecken, in denen man stehen, sitzen und tanzen konnte. Ein toller Floor. Gutes Konzept. Der „Hafen" war die Hauptbühne des Festivals. Die Künstler, deren Namen groß im Flyer standen, spielten hier. Man konnte die Sonne von der Hauptbühne aus auf- und untergehen sehen. Das stand zumindest auf einem Schild, das mittig auf dem Weg zum Hafen aufgestellt war, wenn man aus dem Wald ans Ufer ging. Ein großer Kran aus Holz stand vor einer Kaimauer, die aus Strohballen gebaut worden war. Der Kran drehte sich mal zur Musik mit, mal nicht. An dem Haken des Krans hing eine Discokugel und überall waren Fischernetze mit Blumen und Seegras verwachsen. Und tatsächlich gab es auch einen Steg, an dem zwei kleine Paddelboote angebunden waren.

Mit ihnen konnte man zur „Kon-Tiki" übersetzen, einer Insel beziehungsweise einem Floß, dass nur fünfzehn oder zwanzig Meter vom Ufer entfernt auf dem See schwamm. Nice. Hinter der „Kon-Tiki" lagen noch zwei- oder dreihundert Meter Wasser bis zum nächsten Ufer. Zur Insel konnte man natürlich auch schwimmen. Machten die meisten auch. Hinter der Werft und am Hafen vorbei, da wo schon wieder viel mehr Bäume standen und der Wald dichter wurde, war auf einer kleineren Lichtung ein Zirkuszelt aufgestellt. Auf dem großen, aus Holz gefertigten Timetable, der vor dem Zelt aufgestellt war, standen Namen von Theaterstücken, Zirkusnummern und Lesungen. Auch hier: fast rund um die Uhr Programm.

Aber der schönste Floor des Festivals, da war ich mir ziemlich schnell sicher, war **„In den Kronen"**. Der Downtempo-Floor war etwa so groß wie der Hafen, also für bestimmt tausend Menschen ausgelegt. An allen vier Ecken des Floors waren Baumhäuser aufgebaut, eines sogar dreistöckig. Und von Seite zu Seite auf unterschiedliche Höhe konnte man von einem Baumhaus rüber ins andere laufen. Es musste schon ein ziemliches Gewusel sein, das man von unten beobachten konnte, wenn die Menschen auf allen möglichen Ebenen hin und her liefen. Was für eine Arbeit es gewesen sein musste, das alles zu bauen. Das war also der Floor, auf dem die Prinzessin und ich auch spielen würden. In der Nacht musste das hier ein Hexenkessel sein. Mächtig und in den richtigen Händen ein unglaublich gutes Werkzeug, um Euphorie und Freude zu verbreiten. Ich fing an zu grinsen. Auch eine Art Ehrfurcht machte sich breit. Der erste Gig auf einem Festival in diesem Jahr stand an und hier sollte er sein. Endlich wieder unter freiem Himmel auflegen. Endlich wieder Festival. Mein Telefon klingelte.

„Hallo Ludger."

„Die Prinzessin liegt jetzt hinten drin und der Pavillon ist aufgebaut. Ich wollte jetzt zu dir kommen. Wo bist du?"

„In den Kronen."

„Alles klar. Bleib mal da."

Ich setzte mich in eines der Baumhäuser auf ein paar Paletten in einer Ecke und holte mein Drehzeug aus der Tasche. Während ich eine Tüte drehte, kamen immer wieder Menschen an mir vorbei und wenn sie mich in der Ecke sahen, fingen viele von Ihnen an zu lächeln. Und ich lächelte zurück. Ludger fand mich rechtzeitig, um die zweite Hälfte der Tüte zu rauchen.

Die Hängebrücke direkt neben unserem Paletten-Stapel führte vom Floor weg und tiefer in den Wald hinein. Sie war nicht besonders breit. Zwei Menschen passten gerade so aneinander vorbei, wenn sie sich in unterschiedliche Richtungen bewegten. Und mit jedem Meter wurde der Weg dunkler. Dann fiel die Brücke immer tiefer ab, bis sie in einen kleinen Waldweg überging. Man hörte das, was am Ende war, bevor man es sah. So versteckt waren die vielen kleinen Lichter, die in den Bäumen hingen, anfangs noch. Dann: ein Meer aus Hängematten, überall in die Bäume gespannt. Dazwischen immer wieder Schaukeln. Wirklich alles war voller Hängematten und Schaukeln. In der Mitte ein kleines DJ-Pult, an dem der DJ bequem liegen konnte. Gespielt wurde Ambient. So gut wie kein Beat. Viel mehr Klänge und Geräusche. Alles machte den Anschein, als dass es hier irgendwo einen Ketamin Automaten geben musste, dachte ich mir noch, bevor wir nach einem kurzen Rundgang wieder kehrt machten.

Unser Weg führte uns schließlich an das andere Ende des Festivalgeländes. Der Floor, der am weitesten von unserem Camp entfernt war, war der Psy-Trance-Floor. „Rodinia“. Mir war er zu laut. Ich konnte mit Psy-Trance noch nie viel anfangen. Ich hatte diese Musik nie verstanden. Ludger meinte immer, dass man das halb so schnell hören müsse, um es zu verstehen. Damit meinte er aber nicht, die Musik langsamer zu machen, sondern nur halb so schnell hinzuhören.

„So wie bei Drum and Bass“, erklärte er mir.

„Wenn der Song die ganze Zeit immer auf Maximum anschlägt, dann weiß ich auch nicht. Das macht mich fertig“, antwortete ich.

Ich gönnte Psy-Trance allen, die es mochten, aber für mich war es nichts. So ging es mir aber auch bei anderen Dingen. Ich hatte mich beispielsweise nie dazu überwinden können, an einem Workshop teilzunehmen. Und sicherlich hatte dieses Festival auch seine Workshop-Area, ich hatte sie nur noch nicht gefunden. Es gab für alles einen Workshop. Lachyoga, Acroyoga, Zirkusyoga und Jonglageyoga, meditieren für Menschen, meditieren mit Tieren, achtsame Berührungen erlernen und ertragen, wer bin ich, wer kann ich sein, wo komme ich her, wo gehe ich hin. Wie backe ich ein Brot in der Wildnis, wie züchte ich Avocado in der Großstadt. Und das alles war toll. Aber das war alles nichts für mich. Ich hatte an anderen Sachen Spaß. Ich war zum Beispiel gut dafür zu haben, in einem Chill-Out-Bereich zu sitzen und von einem alten Wählscheibentelefon zum anderen zu telefonieren. Auf dem Ambient-Floor hatte ich so ein Telefon eben gefunden, wusste aber noch nicht, wo die anderen versteckt waren. Auf einem Festival, auf dem ich im letzten Jahr zu Gast war, führte so ein Telefonat dazu, dass ich eine Grasbestellung tätigen und mir bis zu meinem Sitzplatz liefern lassen konnte. Sowas machte mir Freude. Sowas fand ich lustig. Und irgendwo, aber auf jeden Fall weit von mir entfernt, würden sicherlich Leute Spaß an und mit ihren Workshops haben.

Inzwischen waren Ludger und ich auf der Imbissbuden- und Shoppingstraße des Festivals und damit auch fast wieder am Crewcamp angekommen.

„Hallo Franca,

danke, dass du den Briefkasten leer machst.

Ludger"

„Das ist alles?", fragte ich, als Ludger mir vorlas, was er gerade auf die Postkarte geschrieben hatte.

Wir hatten an einem Stand Pause gemacht, an dem man Postkarten vom Festival in die „echte Welt" verschicken konnte. Ludger nahm die Gelegenheit wahr, um Franca zu schreiben.

„Ja weißt du, wir finden das lustig, Franca und ich. Sie weiß schon, was auf der Karte steht. Das ist so ein Gag", sagte er.

„Ich verstehe."

„Gut. Willst du auch eine Karte verschicken?"

„Na klar. An wen denn?"

„Zum Beispiel an Heiko, Fabi, Theresa, deine Eltern. Oder Franca."

„Ok. Franca."

„Ok. Franca."

Ich wählte das Motiv *„Viva la Vulva"*, lieh mir einen Stift vom Postkartenmann und schrieb:

„Hallo Franca,

Viva la Vulva.

Gregor"

„Gut gemacht."
„Dankeschön."
Nachdem wir die Postkarten abgeschickt hatten, setzen Ludger und ich uns an den Wegesrand der Shoppingmeile und rauchten einen weiteren Joint, während wir das stetige Treiben beobachteten. Ein Hippie ging vorbei. Zwei Zimmermänner suchten nach der Bar. Ein als Frosch verkleideter Mann rannte in Richtung Camp. Inzwischen war es ja schon wieder Abend und sobald die Sonne verschwunden war, wurde es kalt.
„Ich lege mich jetzt schlafen. Ich bin schon wieder totmüde", sagte Ludger irgendwann und hielt mir den letzten Rest unserer Tüte vors Gesicht.
„Mache ich auch gleich. Ich lauf noch ein bisschen rum und dann komme ich dazu."
„Dann lasse ich Platz."
„Besten Dank. Schlaf gut."
„Du auch. Bis später."

Ich beschloss, noch ein paar kurze Meter zu gehen. Ich war inzwischen ziemlich breit und hatte wirklich keine großen Vorhaben mehr, als ich mich vor dem „Kiosk" wiederfand, den ich bisher nur aus der Entfernung gesehen hatte. Auf dem Dach der Holzbude waren zwei Boxen montiert. Außerdem ein paar Scheinwerfer, die aber gar nicht leuchteten. Ich verstand es nicht. Ich war müde. Ich fühlte mich, als wäre ich ewig wachgewesen. Während ich den Kopf noch nach oben streckte, sah ich, dass eine Person von links auf mich zu kam und genau vor mir stehenblieb. Ich blickte wieder nach vorne und musste nicht lange überlegen, wen ich da vor mir sah.
„Erkennst du mich?", fragte die Frau mit dem Topfschnitt, einer runden, roten Sonnenbrille in den Haaren und einem breiten Lächeln auf den Lippen.

Etwa ein halbes Jahr bevor die Prinzessin in mein Leben getreten war, hatte ich Anna kennengelernt. Das war auf der allerersten Open-Air, die ich je besucht hatte. Von den Veranstaltern dieser Party war es die letzte des Jahres. Das Closing. In den darauffolgenden Wochen und Monaten hatten wir wirklich viel Zeit miteinander verbracht. Anna und ich kannten uns gut. Sehr gut. Wir hatten uns bereits geküsst. Mehrfach und an unterschiedlichen Tagen und Stellen. Das war so eine Geschichte. So ein Ding, was von selbst größer geworden war, aber dann von uns beiden nicht vernünftig durchdacht, weitergemacht und zu Ende gebracht. Es stand zwischen uns, verband uns aber genauso sehr. Wir hatten es nie aufgearbeitet, aber es war auch nie so schwerwiegend, als dass es uns auf unseren Wegen ohneeinander beeinträchtigt hätte. Wir hatten uns zu diesem Zeitpunkt etwa eineinhalb Jahre nicht gesehen, das wusste ich genau, da ich meine letzte Begegnung mit Anna noch sehr gut im Sinn hatte. Das war eine Nacht, die etwas in mir lostrat, was sich bis heute nicht mehr gelegt hatte. Es war die Frage nach dem Sinn unseres Seins, des Seins von jedem Einzelnen von uns, des Seins Annas und mir, des Seins der Karriere der Prinzessin und mir und des Seins der Szene, der Menschen um uns herum und allem, was damit zusammenhing. Ich kannte Anna länger als die Prinzessin, doch nur ein paar Monate, nachdem die Prinzessin und ich uns kennengelernt hatten, erzählte mir Anna, dass sie wegziehen würde und auf einmal war sie dann weg. Jetzt stand sie mir wieder gegenüber und ihre Augen sahen so aus, als hätte sie viele Geschichten zu erzählen.

Schon damals waren die Abende mit Anna meist die gewesen, die am längsten dauerten und die meisten Wendungen und Schauplatzwechsel mit sich brachten. Es waren die Abende, von denen wir an anderen Abenden erzählten und die wir immer wieder aufs Neue versuchten zu imitieren, zu überbieten und in den Schatten zu stellen. Anna war ein Garant für gute Geschichten. Sie konnte irrsinnig gut Menschen kennenlernen und verbinden. Wenn Anna auf eine Party kam, dauerte es keine zwei Stunden, bis sie dort jeden beim Vornamen kannte. Sie war aufgeweckt, fröhlich, offen und freundlich. Aber so intensiv wie Anna feierte, so organisiert war sie privat. Das hatte ich immer dann gemerkt, wenn die Feierei mit irgendeiner wichtigen Sache aus ihrem restlichen Leben kollidierte. Das Feiern gewann nie. Anna hatte immer im Blick, wann sie wieder fit und ausgeschlafen sein musste. Sie hatte sich strenge Grenzen gesetzt und diese immer eingehalten. Von ihr hatte ich gelernt, dass Feiern und Drogen nicht zwangsläufig miteinander verbunden waren. Noch mehr: Ich hatte gelernt, dass man feiern konnte, ohne zu konsumieren. Es war ja auch nicht Anna, von der ich meine erste Pille bekam, es war die Prinzessin. Und da, wo die Prinzessin mich Freiheit und Ekstase gelehrt hatte, hatte Anna mir gezeigt, dass zwar alles ging, aber nichts musste und jeder seine eigenen Grenzen hatte. Auch wenn ich mir sicher war, dass Anna ihre Grenzen zu Hause gelassen hatte, wusste ich genauso, dass diese noch immer existierten und ihr Leben abseits des Feierns viel mehr Raum einnahm, als noch vor eineinhalb Jahren.

„Na klar erkenne ich dich, Anna."

„Glück gehabt", sagte sie.

Ich lachte. „Schön, dich zu sehen. Wie geht es dir?"

„Gutes Wetter. Nette Menschen. Ziemlich geil, muss ich sagen. Spätestens jetzt. Ihr spielt hier, oder? Ich habe es im Line-Up gelesen."

„Ja. Es hat geklappt."

„Das freut mich. Es läuft gut gerade, oder?"

„Ja schon. Wir sind mega nervös, die Prinzessin und ich. Und Ludger ist dieses Wochenende mit dabei", erzählte ich.

Anna leckte gerade einen unfertigen Joint an. „Wo hast du die Prinzessin denn gelassen? Seid ihr zusammen hergekommen?"

„Sie hat sich schon hingelegt. Sie hatte nicht so viel Schlaf."

„Du aber auch nicht, oder? Entschuldige bitte, aber deine Augenringe sprechen Bände."

„Wir sind den ganzen Tag unterwegs gewesen, Ludger und ich. Heute Nacht habe ich noch gespielt und heute Mittag ist die Prinzessin dazugekommen. Die letzte Woche war richtig krass. Ich war noch im Kurzurlaub. Und es ist einfach ziemlich verrückt alles. Das Booking hier und so. Und da kommen noch welche. Wir sind gerade an irgendeinem Punkt, glaube ich. Fühlt sich auf jeden Fall gut an."

„Ja. Ich sehe jedes Bild, das du postest. Glückwunsch."

„Danke."

Der Joint war fertig. Wir gingen ein paar Meter. Anna zündete ihn an und am Eingang zum Crewcamp blieben wir stehen.

„Und was machst du jetzt? Nicht mehr in Chile?", fragte ich.

„Nein. Ich bin für ein paar Wochen wieder in Deutschland. Und ich stelle mir gerade die Fragen des Lebens. Wo ich hin will, was ich machen will. Sowas."

„Und was überlegst du da im Detail?"

„Zum Beispiel, ob ich wieder zurückkomme, ob ich was verpasse zu Hause. Und dann erlebe ich aber so viele Geschichten und denke mir, die würde ich zu Hause nicht erleben. Und dann der Job. Wow, so ein toller Job."

„Was machst du nochmal?"

„Wir machen regionale Development Analytics und fördern Entwicklung und Fortbildungen. Vor allen Dingen konkrete Projekte für Female Empowerment."

„Wow."

„Ja. Das ist ein ziemlicher Traumjob." Anna lachte. Sie reichte mir den Joint.

„Ich verstehe." Ich zog daran.

„Naja und sowas halt. Und jetzt bin ich für nur ein paar Wochen hier und dieses Wochenende bin ich da eh raus aus allem. Da leb ich einfach hier und das einzige, was ich empowere, sind schöne Momente. Das passt wunderbar. Du, ich muss jetzt noch weiter. Ich arbeite das Wochenende an der Bar und da gibt es gleich so eine Einführung."

„Ja klar. Easy."

„Was machst du denn später noch? Ich komm bei dir vorbei. Wir trinken was."

„Ich wollte mich eigentlich gerade Schlafen legen. Meine Nacht war nicht so lang, verstehst du?"

„Ich verstehe", antwortete Anna langsam. „Also. Ich schreibe dir einfach später mal. Hast du noch deine alte Nummer?"

„Habe ich nie gewechselt."

„Stark. Dann bis nachher."

„Bis später", sagte ich.

Nach einer kurzen Umarmung griff Anna nach ihrer Tüte, drehte sich um 180 Grad und marschierte stramm vorwärts. Die Müdigkeit überwältigte mich langsam aber sicher immer mehr. Die Kombination der kurzen Nacht, der Autofahrt und dieser Tüte drückte meine Augenlider unweigerlich nach unten. Je länger ich hier rumstand, desto müder wurde ich. Ich beschloss, mich zu den anderen in den Camper zu legen.

Ein paar Stunden später wachte ich schon wieder auf. Ich lag auf meiner rechten Seite. Ludger hinter mir. Die Prinzessin vor mir. Ich blickte auf mein Handy und sah, dass ich eine ungelesene SMS hatte:

„Wo bist du denn? Anna."

Ich wollte ihr meinen Standort zurückschicken, musste aber nach drei Versuchen feststellen, dass, zumindest hier im Camper, kein Handynetz verfügbar war. Umso erstaunlicher, dass Annas Nachricht überhaupt zu mir durchgekommen war. Verschlafen legte ich das Handy zur Seite, robbte langsam in Richtung der Seitentür und zog mir meine Hose und einen Pullover an. Ein weiterer Blick aufs Handy verriet mir, dass es kurz nach elf Uhr am Abend war. Ich lief einige Minuten in und um unser Camp herum, bis ich für kurze Zeit wieder Netz hatte und meinen Standort endlich verschicken konnte. Es dauerte keine zwei Minuten, bis ich Antwort erhielt.

„Bis gleich."

Anna hatte zwei Flaschen Wein mitgebracht, von der wir schon die erste in nur wenigen Minuten getrunken hatten.

„Aber ich muss dir auch sagen, dass ich das alles gerade gar nicht so geil finde. Ich bin jetzt zwar hier, aber auch nur wegen ein paar Freunden. Ich weiß gar nicht, ob ich das so geil finde, wie viele Ressourcen hier verschwendet werden, für so ein bisschen Feiern."

„Da wären wir ja auch direkt wieder bei unserem letzten Thema", sagte ich und lächelte. „Aber inzwischen habe ich mir die Frage auch schon oft gestellt."

„Da braucht man sich nicht viele Fragen stellen. Das ist eine einfache Rechnung. Wie bei allen großen Events. Das soll ja jetzt auch gar nicht gegen das Festival gehen, es geht eher so ums Gesamte."

„Nein, nein, ich weiß schon, was du meinst, aber ich glaube, das kann man so nicht rechnen, wie du das machst. Ich glaube, dass so Festivals ganz viel zu dem sozialen Frieden, der Freude und dem Spirit in unserem Umfeld beitragen. Ich kenne das Festival hier ja jetzt nicht so gut, aber bisher waren alle Menschen nett."

„Ja klar waren die nett. Wir sind auf einem Festival. Die haben alle gute Laune."

„Ja schon, aber nicht auf jedem Festival sind alle nett", sagte ich.

„Nein?", fragte Anna neugierig.

„Nein. Ich weiß ja nicht, was für Festivals du kennst, aber so empfinde ich das in meinem Umfeld zumindest. Friedlich. Freundlich. So ist das hier auch. Überleg mal, was die Leute hier alles machen, wenn sie gerade mal nicht hier sind. Manche organisieren

Initiativen für das Leben in der Stadt. Andere organisieren Protest. Wieder andere werden aktiv und helfen direkt vor Ort, so wie du eben. Die nächsten tun einfach nur Gutes, indem sie freundlich und freudig durchs Leben gehen. Ich glaube, dass das nicht geht, wenn es Feste wie das hier nicht gäbe. Die ziehen ja alle ihre Energie aus solchen Sachen, wo sie sich mit Freunden treffen und vergnügen können. Ich glaube nicht, dass die Leute sich nur selber feiern. Ich glaube schon, dass die diesen Vibe auch mit nach Hause nehmen. Oder auf die Arbeit oder in ihren Freundeskreis oder so. Wow, war das viel. Echt lange her, dass ich so viel am Stück geredet habe", sagte ich und holte erstmal Luft.

„Es schien dir auf der Seele gelegen zu haben." Anna lachte kurz.

„Es könnte sein, dass das die letzten eineinhalb Jahre in mir gereift ist", entfuhr es mir.

„Aber glaubst du wirklich, dass die Welt sich verändert? Dass die Menschen besser werden?", fragte sie.

„Na klar. Du nicht?"

„Ich weiß nicht. Ich habe das mal geglaubt. Ich erinnere mich noch, dass ich mich irgendwann dabei erwischt habe, zu glauben, dass die Welt sich gerade ändert und sich alles zum Guten wendet. Später habe ich dann gemerkt, dass ich mich einfach nur noch mit Leuten umgeben habe, die das auch dachten. Darum bin ich ja damals auch weggezogen. Ich wollte raus. Viele Menschen, die an die Verbesserung der Welt glauben, igeln sich einfach nur ein und ignorieren, dass die Welt einfach noch immer scheiße ist."

„So in der Art. Na ja. Ich verstehe schon. Schwierige Zeiten. Man muss sich arrangieren", sagte ich. „Ich denke schon viel über sowas nach. Aber ich sehe das nicht so schwarzweiß. Am Ende haben wir beide recht, wahrscheinlich."

Wir schwiegen für einen Moment. Ich gab Anna die Weinflasche.

„Der Grund, warum man tiefsinnige Gespräche immer besoffen führt, ist übrigens, dass, wenn man sie nüchtern führen würde, viel zu viele ernste Konsequenzen daraus gezogen werden müssten. Ich bin mir sicher, dir geht es gut", sagte Anna.

Sie nahm mehrere Schlucke aus der Weinflasche und hielt sie mir wieder vor meine Nase. „Trink. Ich muss ins Bett", sagte sie.

Nach nur wenigen Schlucken musste ich die Flasche absetzen, woraufhin Anna sie wieder an sich nahm.

„Gute Nacht. Ich arbeite übrigens an der Kiosk-Bühne, habe ich erfahren. Komm mal vorbei."

„Das mach ich", sagte ich.

Anna stand von dem Campingstuhl auf, umarmte mich, noch im Stuhl sitzend, lief ein paar Meter hin zum nächsten Waldweg und verschwand in der Menschenmenge, die durchgängig hier an unserem Camp vorbeilief. Von Ludger hatte ich die ganze Zeit schon gehört, dass er sich drehte und wahrscheinlich auch immer wieder kurz aufwachte. Die Prinzessin hatte sich allerdings in den letzten Stunden weder bewegt, noch hatte ich so etwas wie ein Husten oder Räuspern von ihr gehört. Sie musste tief schlafen, da war ich mir sicher. Genauso sicher war ich mir, dass ich gleich auch wieder schlafen konnte. Ich hatte kein Interesse daran, ein weiteres Mal auf die Uhr zu schauen.

Am nächsten Morgen stand ich als erster auf. Ich konnte tatsächlich Vögel singen hören, während ich mir, auf dem Waldweg nur wenige Meter von unserem Camper entfernt, die Zähne putzte. Auf eine Mülltonne neben mir hatte irgendwer einen Sticker geklebt: *My drug team has a rave problem.* Auf einem Festival an Drogen zu kommen war immer schon eine der leichteren Unternehmungen. Man stellte sich einfach irgendwohin. Von dort, wo ich gerade stand, konnte ich auf die Weggabelung und in den Wald dahinter schauen, die beide schon nicht mehr zum Crewcamp, sondern zum Festivalgelände gehörten. Im Prinzip war die Gabelung einer der Hauptverkehrsknotenpunkte des Festivals. Hier kam man eigentlich immer vorbei, egal wohin man ging und egal, woher man kam. Direkt neben dem Eingang unseres Camps befand sich eine Art Bushaltestelle, die ich ebenfalls von hier sehen konnte. Zwei breite Bänke, auf denen Personen saßen. Darüber ein Schild *„Lost & Found"*. Bei den Fundstücken, die hier abzuholen waren, handelte es sich ganz klar um Menschen. Menschen, die andere Menschen verloren hatten und hier darauf warteten, dass die anderen Menschen merkten, dass sie die hier sitzenden Menschen verloren hatten, um sie hier abzuholen. Ein paar Mal konnte ich selbst am frühen Morgen schon beobachten, wie sich Leute hier wiederfanden, freuten und gemeinsam weiterzogen. Ein junges Mädchen saß auf der Bank und drehte sich gerade eine Zigarette, als ein älterer

Hippie sich direkt neben sie setzte, leicht aufgekratzt, irgendwie unter Strom, aber nicht unangenehm. Ich beobachtete, wie sie gegenseitig Drehzeug austauschten und schnell ins Gespräch kamen. Mir gefiel, dass sie direkt anfingen zu lachen, sich kurz darauf die Hand gaben und einander vorstellten.

„Hey na. Suchst du was?", unterbrach mich ein Typ in meinen Beobachtungen ziemlich abrupt. Mein Alter. Schlank. Gepierct. Gepflegtes Erscheinungsbild. Irgendwie alternativ. Ich holte meine Zahnbürste aus dem Mund, spuckte aber nicht aus.

„Ja. Ich such schon was."

„Was suchst du denn?"

„Was hast du denn?" Ein Tropfen Sabber-Zahnpasta-Gemisch begann mir aus dem Mund zu laufen.

„Ich habe so ziemlich alles, was du suchst. Ich habe Gras, aber nur Haze, Speed, Teile, Emma und Keta. Kokain und LSD kommen morgen. Speed Zehner, Emma ein halbes zwanzig, Ding eins für zehn, drei für zwanzig. Keta das Gramm vierzig."

Das waren faire Preise.

„Dann hätte ich gerne ein Starterpaket für hundert Euro."

Das schien mir ein vernünftiges Budget. Ich rechnete für drei Leute. Für das ganze Wochenende. Das waren etwa dreiunddreißig Euro dreiunddreißig pro Person, also etwa elf Euro elf am Tag für die komplette Versorgung. Ein Schnäppchen. Ich wusste außerdem, dass ich genau einhundert Euro in der rechten Hosentasche hatte. Gelegenheit macht Diebe. Klingeling. Retox calling.

„So soll es sein. Und was willst du dir so angucken über die Tage?", begann der Fremde ein Gespräch, um die Zeit zu überbrücken, in der er die Drogen in seinen Jackentaschen zusammensuchte. „Also Gras?"

„Ja. Gut. Ja." Jetzt spuckte ich erst die restliche Zahnpasta am Wegesrand aus. „Ich guck mal. Ich habe den Timetable noch nicht gelesen, aber ich glaube, ich bin viel in den Kronen."

„Ja geil. Ich auch. Schluck Wasser zum Nachspülen?"

„Gerne. Danke."

„Und dann Pep, halbes Keta, halbes Emma, fünf Teile? Ich gebe dir was mehr. Ist ja für einen guten Zweck."

Ich hatte nicht mitgerechnet, aber es klang so, als würde das Preisleistungsverhältnis stimmen.

„Ja. Gut. Ja geil. Dann sehen wir uns bestimmt."

Der Fremde schien mir sympathisch. Ich gab ihm die Hand, in der ich das Geld zusammengequetscht hatte. Er nahm es und steckte es in seine Hosentasche. Sofort danach griff er in seine Jackentasche und steckte mir mehrere Baggys in meine Tasche. So schnell ging das. Dabei achtete er nicht auf meine Hosentaschenordnung, die ich mir bei Festivals je nach Tagesform einrichtete. Heute war Geld vorne rechts, ein Feuerzeug und Überreste von Drehzeug vorne links, hinten links die Tasche für Sonstiges und hinten rechts war zu einer Art Aschenbechertasche geworden.

In der Welt außerhalb dieses Festivals funktionierte das mit den Drogen nicht so einfach. Ich hatte schon viele unschöne Situationen bei Dealern erlebt. Am schlimmsten war es, wenn man zu einem Dealer nach Hause gehen musste, um die Sachen zu holen. Es war üblich, dass man eine halbe Stunde dort verbrachte, damit die Nachbarn nicht den Eindruck bekamen, dass ständig Leute ein- und ausgingen. Es musste ja unauffällig sein. Das führte aber auch automatisch dazu, dass man ab und an mit anderen Kunden zusammen in der Wohnung saß. Das wohl Schlimmste, was ich je erlebt hatte, war, dass ich in einem Raum mit einer jungen Frau und ihren zwei kleinen Kindern saß, während nebenan ein Mann Kokain von einem Spiegel zog. Unfassbar ekelhaft.

Mir war es lieber, wenn die Dealer zu mir kamen oder wir uns zumindest irgendwo treffen konnten, wo ich schnell wieder wegkonnte. Es gab Dealer, die mit einem Rucksack durch die Stadt fuhren und Kunden besuchten. Es gab welche, die von Café zu Café tingelten und so den ganzen Tag durch die Stadt tourten. Es gab sogar Kokain- und Grastaxis, die auf Bestellung lieferten und dabei schneller sein konnten als ein echtes Taxi.

Nachdem ich die Zahnbürste wieder in der Bordküche unseres Campers verstaut, alle gekauften Drogen in eine Butterbrotdose unter dem Beifahrersitz gepackt und die Seitentür wegen der warmen Temperaturen leicht geöffnet hatte, machte ich einen kleinen Spaziergang durch das Crewcamp. Als ich einmal im Kreis gelaufen war und zum Camper zurückkam, war Ludger gerade aufgestanden.

„Guten Morgen", begrüßte er mich lächelnd in der Melodie dieses

Kirchenliedes „Halleluja". „Gu-ten-Mor-gen."

„Guten Morgen", antwortete ich ganz normal. „Ich war einkaufen."

„Gut."

„Yes. Wir sind erstmal versorgt." Ich setzte mich in einen Campingstuhl, den ich aus dem Schatten des Pavillons in die Sonne stellte. In diesem Moment streckte auch die Prinzessin ihren Kopf aus ihrem Schlafgemach des Campers.

„Gu-ten-Mor-gen", rief sie.

„Guten Morgen", antwortete ich. „Ich war mal einkaufen."

„Ich weiß", erwiderte die Prinzessin und lächelte mich an. Die Morgensonne schien ihr direkt ins Gesicht und sie musste die Augen zukneifen.

„Ich bin super gut gelaunt", entfuhr es ihr mit einem breiten Grinsen, „Ich habe mega Bock."

„Puh. Glück gehabt", antwortete ich schnell. „Ich hatte schon Angst. Hat sie jetzt Bock oder nicht", sagte ich mit einem offensichtlich ironischen Ton. Die Prinzessin streckte mir ihre Zunge kurz entgegen. Dann verschwand ihr Kopf wieder im Camper. Ich konnte hören, wie eine Gürtelschnalle klimperte und wie sich die Prinzessin hin und her warf, um etwas anzuziehen. Eine Redepause musste sie dabei aber nicht einlegen. Sie konnte beides gleichzeitig. Reden und sich umziehen.

„Ich habe mega Bock zu tanzen und ich will in den See. Wer will, darf überall hin mit, aber ich gehe auf jeden Fall. Da habe ich mich schon gestern voll drauf gefreut", hörten wir aus dem Camper.

„Willst du einen Kaffee?", fragte Ludger, ohne einen von uns beiden anzuschauen. Deshalb antworteten die Prinzessin und ich zeitgleich: „Ja."

Ludger stellte einen Kochtopf auf den Gaskocher, den er aus der Außenküche geholt hatte, und schüttete Wasser aus einem Kanister hinein. „Wir müssen noch ins Produktionsbüro, für die Artist-Pässe, die Tickets, die Getränkekarten und so. Ihr dürft beide mitkommen, aber ich bin mir sicher, dass ihr etwas anderes vorhabt," sagte er. „Aber ich habe Bock."

„Ja, find ich gut. Geh mal. Sei mal jetzt unser Manager, Ludger", sagte die Prinzessin.

„Aber ich glaube das geht echt besser, wenn ihr mitkommt", ergänzte er.

„Da wirst du recht haben", antwortete ich, zog meine Sonnenbrille auf und legte den Kopf in den Nacken.

„Ok, dann komm ich mit. Dann gehen wir erst dahin und dann geh ich weiter zum See", sagte die Prinzessin, während sie langsam aus dem Camper kletterte. Direkt nachdem sie sich neben mich gesetzt hatte, begann sie, eine Tüte zu bauen.

„Was hast du denn alles geholt?", fragte sie.

„Haze, Keta, Pep, Emma. Teile. Erstmal. Da gibt es aber auch noch mehr, wenn wir wollen. Gute Preise. Gute Besserung."

„Also wenn man mich nach Bedienungsanleitung nutzen wollte, würde ich sagen, müsste man jetzt erstmal ein bisschen Kiffe in mich reinmachen. Kann ich mal von dem Haze?", fragte die Prinzessin.

„Ist unterm Beifahrersitz", antwortete ich und schon sprang die putzmuntere Prinzessin auf, um sich unseren Drogenvorrat anzuschauen.

„Ich meine, jetzt haben wir es ja anscheinend auch, dann habe ich auch keinen Bock zu geizen", sagte sie.

Ich mochte diese Tage, die damit begannen, dass man sich einen Überblick über die eigene Drogenapotheke verschaffte. Man merkte uns dreien als Außenstehender sicher an, wie viel Lust wir hatten, uns endlich ins Festivalgetümmel zu schmeißen. Lust zu feiern, Lust, dass es endlich wieder losging. Und dieser Retox musste auch endlich mal angestoßen werden.

„Hey Manager, ich habe mir die hundert Euro direkt aus der Spesenkasse genommen", sagte ich.

„Jau. Spesen find ich immer gut", sagte Ludger.

Uns war es ziemlich wichtig, dass Ausgaben, die wir nicht gegen Quittung tätigen konnten, direkt und unbürokratisch rückerstattet wurden. Wir hatten da ziemlich einfache und eindeutige Regeln. Wenn jemand Drogen kaufte, gingen diese automatisch an die Allgemeinheit. Dafür wurden sie aber auch direkt aus unserer gemeinsamen Kasse bezahlt. Fair. Das war aber nicht nur bei Drogen so. Das war so an der Raststätte, am Kiosk oder im Club. Für uns waren das alles Spesen. Man konnte sich Dinge auch kompliziert machen. Es war richtig und wichtig, dass wir das nicht taten. So richtig beschlossen hatten wir das alles nie, aber die Prinzessin und ich waren einfach schon immer so mit unserem Geld umgegangen und als Ludger von dieser Regelung erfuhr, stellte er keine weiteren Fragen.

„Eine schöne Tüte hast du da gebaut“, sagte ich zur Prinzessin.

„Nicht wahr? Du solltest mich viel öfter bauen lassen. Ich baue viel schöner als du“, sagte sie, während sie das überstehende Papier ihres Inside-Out-Joints anzündete. „Du musst mit deinem Daumen bla bla. Bla, bla. Bla bla bla. Bla blub diewup schnup.“ Das war nicht das, was sie sagte, aber so hörte es sich in meinem Kopf an.

„Ja, aber du drehst nicht oft genug“, sagte ich.

„Ich drehe in den richtigen Momenten, die richtigen Tüten. Da, schau her. Eine perfekte Tüte zum Frühstück. Powered by Prinzessin van Mayer. Eingetragenes Warenzeichen, wer nicht bauen kann, sollte es lassen. Such dir eine neue Aufgabe, Gregor.“

„Ja, Gregor. Raus aus dem Drehbusiness. Das ist zu hart für dich“, stieg Ludger in das Mobbing der Prinzessin ein.

„Ich baue gut“, erwiderte ich.

„Du baust scheiße. Sieh es ein. Du solltest was anderes machen. Ja ich denke, du solltest Sektkorkensounddesigner werden. Am besten fängst du sofort damit an, indem du einen Sekt öffnest.“

„Einen Sekt“, wiederholte Ludger vorfreudig.

„Einen Sekt. Bitte öffnen Sie einen Sekt“, bestätigte die Prinzessin. Dann schaute sie mit einem Mal so, als würde sie gleich einen Kampf anzetteln. „Ey, wenn diese Biene da jetzt noch näherkommt, dann hau ich ihr mit dem Festivalflyer so hart auf den Kopf, dass sie stirbt.“ Das schien die Biene gehört zu haben und schlug umgehend eine andere Flugrichtung ein, woraufhin die Prinzessin wieder anfing zu lächeln.

„Also ich will auch zum See“, sagte Ludger, während er eine Sektflasche aus der Kühltasche im Kofferraum zog und mir entgegenstreckte. „Ich habe genug Sekt für das ganze Wochenende dabei“, sagte er stolz. „Und zwar den Guten.“

„Ich habe keine Lust zu hetzen. Ich würde jetzt gerne erstmal abwarten, was die Tüte und der Sekt mit uns machen“, sagte ich.

„Hetzen sowieso nicht“, sagte die Prinzessin. „Aber ist doch gut. Ludger und ich gehen ins Büro und danach treffen wir uns am See.“

„Geht bestimmt nicht. Wir müssen da bestimmt alle zusammen hin und die Sachen abholen. Mit Ausweis und so“, sagte Ludger.

„Eben hast du noch gesagt, wir *dürfen* alle mit. Nicht, dass wir müssen."

„Ja, Prinzessin. Ihr dürft jetzt mit mir mit. Aber ihr müsst irgendwann sowieso", antwortete Ludger langsam und deutlich.

„Dann müssen das eben alle zusammen machen, Gregor", sagte die Prinzessin.

„Also mit der Ruhe, mit der Ruhe." Die Folie hatte ich von der Sektflasche bereits abgemacht und zielte nun mit der Spitze der Flasche in die Luft. Der Korken knallte und die Prinzessin hielt mir drei Becher vor die Brust. Nun setzte sich auch Ludger zu uns, ließ sich von der Prinzessin einen Becher reichen und wir stießen an. Einen Kaffee, zwei Flaschen Sekt und drei Tüten später machten wir uns auf den Weg.

Kaum hatten wir das Crewcamp verlassen und waren an der Lichtung links in Richtung Produktionsbüro abgebogen, hatte ich Ludger und die Prinzessin verloren. So schlimm konnte es aber nicht sein, dachte ich mir und rechnete nach. Im Schnitt hatte jeder von uns gerade einen halben Liter Sekt getrunken und eine Tüte geraucht. Zum Frühstück. Da konnte sowas schon mal passieren. Der Lost-and-Found-Bereich wäre jetzt wohl der Ort gewesen, an dem ich hätte warten sollen, allerdings lag dieser nun schon mindestens zweihundert Meter hinter mir und genau zweihundert Meter vor mir erkannte ich Annas Gesicht hinter der Theke des Kiosks.

„Guten Morgen", sagte sie, als ich ihr schließlich gegenüberstand.

Einen „Guten Morgen" wünschte auch ich ihr. Es war egal, dass es zwei Uhr am Mittag war. Wir hatten heute alle lange geschlafen.

„Was trinkst du?"

„Ich hatte schon Sekt", sagte ich mit einem breiten Grinsen.

„Das ist gut. Ich beneide dich ein wenig. Ich kann noch nicht so richtig trinken. Ich muss noch bis heute Abend hier sein."

„Wie viel Uhr denn?"

„Bis sechs."

„Das geht ja." Ich merkte, wie sich in mir ein Schluckauf anbahnte.

„Ja, das geht voll klar."

„Gibt es hier Sekt?", fragte ich vom Frühstück angefixt, beim ersten Blick auf die Getränkekarte. Ich konnte nicht alles erkennen, was auf der Karte stand. Drinks wie „Upper Role Spritz“ und „Aprés Schorle“ schienen hier aber das Ding zu sein. „Hier gibt es Sekt. Hier gibt es Bier. Hier gibt es viel.“

„Okay. Ich bin mir noch nicht sicher. Ich schwanke.“

„Zwischen was?“, fragte Anna.

„Vodka, Mate, Sekt.“

„Alles drei gemischt oder nur eins davon?“

„Ich könnte mir beides vorstellen“ antwortete ich.

„Laut Karte haben wir nur Vodka, Mate oder Sekt. Oder Vodka mit Mate oder Mate mit Sekt.“ sagte Anna ironisch mitleidig.

„Und kannst du mir denn einen Vodka mit Mate machen und Sekt reinkippen?“

„Klar. Ich kann dir auch mit einem Akku-Bohrer in den Kopf bohren. Guck mal. Morgen wird es dir gleich weh tun“, Anna hob einen Akku-Bohrer hinter der Theke hervor.

„Und was wäre dir lieber? Wenn du Sekt in den Vodka und das in eine Mate kippst oder wenn du mir mit einem Akku-Bohrer in den Kopf bohrst?“

„Ich bin mir noch nicht sicher“, sagte Anna, legte den Bohrer aber nach ihrer kurzen Bedenkzeit wieder weg.

„Ich verstehe“, sagte ich.

„Also. Ich denke ich hebe mir das mit dem Bohrer für später auf“, erklärte sie dann.

„Ja, ok. Und ja, gerne,“

Anna nahm sich zwei Plastikbecher, füllte sie zur Hälfte mit Eiswürfeln und übergoss alles nach und nach mit Vodka, Mate und Sekt.

„Ich bin auf dem Weg zum See“, sagte ich. Ich schaute verwirrt durch die Gegend. Jetzt, wo ich schon betrunken und bekifft war, wurde ich auch endlich wach. Nicht so, als ob mich der Alkohol und das Gras wach gemacht hätten, aber eher so, wie wenn ich gerade die Müdigkeit des Schlafes überwunden hatte. „Wir sind da verabredet.“

„Wer denn?“

„Die Prinzessin, Ludger und ich“, antwortete ich und nahm den ersten großen Schluck aus meinem Becher.

„Hast du schon deine Artist Karte?“

„Nein. Die holen Ludger und die Prinzessin gerade. Also ich muss eigentlich mit, aber ich habe sie verloren.“

„Ja, du musst da schon selber hingehen und sie holen."

„Stimmt. Das haben die anderen auch gesagt. Deswegen treffen wir uns ja jetzt am Produktionsbüro."

„Und dann geht ihr zum See, oder was? Du hast doch mehr als nur einen Sekt getrunken."

„Ja genau." Mit dem zweiten Schluck machte ich meinen Becher leer. Anna lächelte. Sie hatte Spaß. „Dann lass uns doch um sechs Uhr treffen", antwortete ich.

Ich sah Ludger, der aus der Richtung des Produktionsbüros zu uns an die Theke gelaufen kam.

„Besser um halb sieben. Aber ich sage dir Bescheid. Ich muss auch mal gucken, was die anderen aus meinem Camp machen", sagte Anna.

„Ja klar."

„Ey Gregor. Du musst deine Sachen abholen kommen", sagte Ludger noch im Laufen, ohne Anna anzuschauen oder gar zu erkennen.

„Ludger guck mal, da ist Anna", sagte ich.

„Krass", entfuhr es Ludger, als er Anna anschaute. „Krass. Ja, hi. Was geht ab? Lange nicht gesehen."

„Ja das stimmt", sagte Anna. „Hi, Ludger. Mir geht's gut. Wie geht´s dir?"

„Trinkt ihr einen Sekt oder was?"

„Halbtrocken", antwortete ich.

„Was ist das denn für ein Sekt?", fragte Ludger neugierig.

„Gregor wollte eine Mischung aus allem. Ist also ziemlich egal was das für einer ist", erklärte Anna ihm.

„Ja, da hast du recht, Anna. Gregor, das ist ekelhaft. Das Festivalband sieht eigentlich ganz nice aus. Schau mal." Ludger hielt mir sein rechtes Handgelenk vor die Nase. Auf dem Armband waren zwei Anker auf der linken und rechten Seite zu erkennen. In der Mitte in dicker Schrift **„Anker Lichten"** in Marineblau auf goldenem Hintergrund. Nice. „Ja. Wollte ich dir nur sagen. Wir sind durch da und gehen jetzt weiter zum See."

„Wenn ihr noch kurz wartet, komm ich in einer Minute nach."

„Da ist aber eine Schlange. Also du musst da jetzt eh warten. Wärst du mal mit uns gekommen. Wir haben nicht gewartet."

„Okay. Dann komm ich gleich nach, wenn ich alles habe."

„Alles klar. Wir hauen dann jetzt rein zum See."

Ludger verabschiedete sich mit einem lässigen Handzeichen und war so schnell wieder weg, wie er gekommen war. Ich konnte nicht einordnen, wie er zu der Begegnung mit Anna stand. Die beiden kannten sich. Viel mehr wusste ich aber auch nicht.

„Auf den Becher lade ich dich ein. Geh mal deine Karte holen“, sagte Anna. „Dann sehen wir uns nachher.“ Sie warf mir einen Blick zu, so als würde ich anzügliche Zeitschriften lesen und sie wäre auf dem Titelblatt von einer. Ich interpretierte das als gute Laune und freute mich auf unser Wiedersehen am Abend.

❋

Porto

Den ersten Tag, den die Prinzessin und ich gemeinsam in Porto verbrachten, setzten wir uns noch in Matosinhos, einem kleinen Küstenort, ans Meer, bevor wir in unsere Ferienwohnung einzogen. Etwas abseits der Straße und trotzdem die immer wuselnden Touristen im Rücken. Die Massen an Sprachen, die wir in Wortfetzen aus den vielen Stimmen heraushören konnten, das Gebrüll der Möwen und der Straßenverkehr bildeten einen Geräuschteppich, auf dem wir uns im Schneidersitz niederlassen und einen Joint bauen konnten. Bei der Anreise hatten wir schon ein wenig von Porto selbst sehen können. Es war beeindruckend, wie die Stadt sich hier links und rechts vom Fluss angesiedelt und auf jedem freien Meter bebaut worden war. Manchmal fast senkrecht.

„Ekelhaft, wie schön das ist", sagte die Prinzessin lachend, als wir nah aneinandergerückt die Tüte anzündeten. „Die Katze da, der Mond da oben, schau mal, da, ein kleines Fischerboot. Da vorne sind zwei Rentner, Hand in Hand. Gott ist das scheiße romantisch hier."

„Ja, das ist wirklich schön", antwortete ich. Das Meer war ganz ruhig.

Dann bemerkte die Prinzessin, dass der Joint an einer Seite stärker brannte als an der anderen. Seitenbrand. Mist. „Du hast schlecht gebaut", sagte sie in einem nüchternen Ton und zeigte auf die Tüte. „Brennt schief."

„Hast du recht. Sorry. Aber was ist schon gerade in dieser Stadt", sagte ich.

„Hast du auch wieder recht. Es ist ein an die Stadt angepasster Joint, was?"

„Der Joint ist der Lage entsprechend gebaut, ja."

„Ich verstehe", antwortete die Prinzessin.

Wir schauten einem jungen Mann dabei zu, wie er mit einem Stab und daran ein Netz in der Hand die Steine vor der Mauer herunterkletterte, die hier das Ufer vom Wasser trennten.

„Was macht er da?", fragte die Prinzessin leise, als ich ihr den Joint reichte. Sie hatte sich inzwischen so nah zu mir gesetzt, dass es nicht mehr möglich war, keinen engen Körperkontakt zu haben. Ich mochte das.

„Der will Krebse sammeln“, war ich mir sicher.

Die Prinzessin schaute mich an. „Nein“, sagte sie leise lachend.

„Doch. Ganz sicher.“

Die Prinzessin schaute wieder zu ihm hinüber. „Nein.“

„Doch. Ich glaube schon.“ Ich legte meinen Arm um die Prinzessin und sie lehnte sich bei mir an.

Wir beäugten weiter, wie er in seinen hohen Gummistiefeln auf den Steinen hin und her wankte. Als er gefunden hatte, wonach er so lange unter der Wasseroberfläche gesucht hatte, stach er mit dem Stab seines Netzes ins Wasser und holte einen Korb an die Oberfläche. Nicht groß, aber so groß, dass ein paar Fische darin Platz gefunden hätten. Oder Krebse. Der Korb war aber leer. Das ging ein paar Mal so. Heute war wohl kein Tag, um Fischerkörbe zu leeren. Während die Prinzessin an mir lehnte, legte ich mein Kinn auf ihrem Kopf ab und roch an ihren Haaren. Das war schön. Es roch vertraut. Machte ich jetzt die Augen zu, hörte ich nur noch das Meer und die Vögel. Meine linke Hand lag auf dem Bauch der Prinzessin und ich spürte, wie sie langsam ein- und ausatmete. Wie bei jeder ersten Tüte des Tages fingen meine Beine und Füße an zu zittern. Es war, als wäre ein kleiner Quälgeist in mir aktiviert worden. Die Prinzessin legte ihre Hand wie jedes Mal, wenn das passierte, auf mein Bein und nach kurzer Zeit wurde das Zittern weniger. Sie hatte noch nie gefragt, was da los war, und ich bedankte mich in Gedanken jedes Mal dafür, darüber nicht nachdenken zu müssen. Sie ließ ihre Hand so lange liegen, bis das Zittern wieder weg war. Das machte sie schon immer so. Das war genau das, was ich brauchte.

Nach dem Check-In verbrachten wir die zwei Tage und zwei Nächte auf der Dachterrasse des kleinen Hauses, das wir uns gemietet hatten. Von hier aus konnten wir den Fluss und einige Häuser am Ufer sehen und das Treiben in der Stadt aus der Ferne beobachten. Es war wirklich viel los in Porto. Die Saison hatte gerade erst begonnen und trotzdem waren die öffentlichen Plätze schon von so vielen Menschen überlaufen, dass es entspannender war, den ganzen Tag auf der Dachterrasse zu sitzen, zu kiffen und zu trinken.

Wir verbrachten die Tage und Nächte in Jogginghose und schliefen unter dem Sternenhimmel. Wenn wir wach waren, unterhielten wir uns über Gott und die Welt. Wenn wir schliefen, dann nah beieinander. Unsere Handys und Laptops lagen in unseren Koffern, da wo wir sie nicht hören und sehen konnten.

Wir rauchten eine Tüte nach der anderen. Und es fühlte sich gut an. Wenn die Prinzessin müder wurde, antwortete sie manchmal nur noch mit einem „Pscht", wenn ich etwas von ihr wissen wollte. Es wirkte so, als hätte sie ein van Mayersches Geheimnis, welches sie mir nicht verraten wollte. Diesen Gedanken fand ich lustig, erzählte der Prinzessin davon aber nicht. In Momenten wie am ersten Abend, als wir uns geradezu selig gekifft hatten und das Leben im Liegen einfacher war, machten wir einfach genau das. Wir legten uns hin und warteten auf die Zukunft. Es fühlte sich gut an, bei jemandem zu sein, mit dem man sich so unterhalten konnte wie mit seinen eigenen Gedanken. Egal wie wichtig, intim, privat oder banal die Themen auch waren. Zwei Unterbewusstsein standen sich gegenseitig Rede und Antwort, tauschten sich aus, hörten sich zu.

„Nicht den Filter wegschmeißen", mahnte mich die Prinzessin nach jeder Tüte. Auch nach dieser. „Die kann man zweimal verwenden und wir haben nicht mehr viele und ich will nicht bis zum Supermarkt laufen müssen. Das ist so weit, weißt du? Und bekifft einzukaufen ist so anstrengend. Ich stand mal bekifft vor einem Regal mit Butter. Das hat gedauert."

„Ja, ich weiß, was du meinst", antwortete ich.

Wir hatten inzwischen alles, was wir brauchten, in einem Halbkreis um uns herum so aufgestellt, dass es theoretisch nicht nötig war, den Balkon im Laufe der kommenden Nacht zu verlassen. Der Gedanke der Prinzessin lag mir alles andere als fern, zudem es sowieso schwierig sein würde, hier ein Geschäft zu finden, das Aktivkohlefilter im Sortiment hatte. Wir hatten uns für die Zeit hier keine Pläne gemacht und auch nichts vorbereitet. Es ging uns ja genau darum, runterzukommen, ein wenig Ruhe und Abstand zu bekommen und uns mal wieder gen Norden auszurichten. In zwei Tagen flog ich zurück nach Deutschland. Die Prinzessin blieb noch ein paar Tage hier. Ich beneidete sie. Nicht nur um die Urlaubstage, die sie noch hatte, auch um ihren ersten Auftritt in Portugal, auf einem Open-Air. Irgendwo da draußen, außerhalb der Stadt. Ich freute mich aber umso mehr auf unsere anschließende, gemeinsame Reise.

„Glaubst du eigentlich, dass dieses viele Kiffen uns blöd macht?“, fragte die Prinzessin in einem schon nachdenklichen Ton, der aber auch suggerierte, dass sie sich eigentlich dachte, dass das Kiffen uns nicht blöd machte.

„Schwer zu sagen. Also ich kiffe jetzt seit bestimmt acht Jahren und ich habe schon das Gefühl, dass ich dümmer geworden bin. Aber ich war jetzt auch schon mehr als acht Jahre nicht mehr in der Schule.“

„Schwer zu sagen“, sagte die Prinzessin und machte eine kurze Pause. „Mir kommt es so vor, als würde ich schon ewig kiffen.“

„Als hättest du mit null angefangen zu kiffen“, sagte ich.

„Ich war aber auch einfach schon immer breit. Ich kam breit auf die Welt, weißt du?“, bemerkte sie, drehte sich zu mir und schaute in meine Augen, die mindestens genauso rot sein mussten wie ihre. Ich drückte den Joint in einem Weinglas aus.

„Ja, ich glaube auch“, sagte ich.

Den darauffolgenden Tag verbrachten wir damit, auf dem Balkon zu liegen und den Möwen zuzuhören, zu schlafen und zu essen. Der Kühlschrank war reichlich gefüllt. Es gab wenig, was uns hätte überraschen können. Bis die Unternehmungen, die vor uns lagen, um ein Vielfaches erschwert wurden. In der letzten Nacht stellte sich schließlich heraus, dass der Boden aus Lava war. Wir waren auf diese Entwicklung nicht vorbereitet. Nach nur wenigen Minuten musste der erste Krisenstab einberufen werden.

„Aber wie komme ich jetzt an den Wein?“, fragte die Prinzessin, verzweifelt darüber, dass ihr Arm nicht bis zum Tisch reichte, selbst wenn sie sich mit den Knien auf der Matratzenkante abstütze. Das war schon ziemlich beeindruckend, wie sie das machte, bedachte man, dass sie gerade ihr Leben für den Wein riskierte und dieser unnormal heißen Lava echt nah kam, als sie sich beim ersten Versuch weit nach vorne lehnte. Ich unterstützte sie, indem ich sie an der Hüfte hielt. Doch nach dem ersten Scheitern ließ sich die Prinzessin zurückfallen und saß auf einmal auf meinem Schoß.

„Uns fällt schon was ein“, sagte ich, nach einer Lösung grübelnd.

„Ja. Überleg jetzt mal schnell“, sagte sie und lehnte dabei ihren Kopf weit zurück.

„Vielleicht, wenn wir robben."

„Über Lava kann man nicht robben. Wir sitzen doch auf einem Felsen."

„Mist."

„Ja eben. Wenn wir robben könnten, hätte ich uns schon längst rüber gerobbt. Ich bin doch nicht blöd." Die Prinzessin hob ihren Kopf wieder an, setzte sich gerade auf und drückte ihre Schultern nach hinten durch. „Okay. See me solving this problem." Sie nahm ihr Kissen und schmiss es hinter den Tisch. Dann nahm sie mein Kissen und schmiss es gegen die Weinflasche, welche daraufhin auf ihr Kissen fiel. Mühsam aber erfolgreich konnte sie es mit ihren Füßen an unseren Felsen heranziehen und der Wein war unser.

„Sehr gut. Sehr gut", rief die Prinzessin in diese warme Nacht in Porto, bevor ihr auffiel, dass sie damit gerade gegen die Hausregeln unseres Vermieters verstoßen hatte. Als sie mir die Weinflasche reichte und ich sie mit dem Korkenzieher öffnen wollte, ließ sie sich auf den Felsen fallen, rollte sich in ihre Decke ein und schaute in den Nachthimmel. Ich zog den Korken aus der Flasche.

„Das war gut, Prinzessin", sagte ich lobend und goss den Wein in unsere Gläser. Sie streckte mir ihre Hand entgegen, so als wollte sie, dass ich mich zu ihr lege. „Ich will noch kurz hier sitzen", sagte ich und nahm den ersten Schluck Wein aus meinem Glas. Dann gab ich der Prinzessin auch ihr Glas in die Hand, die sie mir gerade noch gereicht hatte. Doch sie nahm keinen Schluck. Sie ließ einige Momente vergehen und schaute noch immer starr nach oben.

„Wenn das hier eine einsame Insel wäre, dann wäre ich gerne mit dir hier. Da könnte nichts schiefgehen." Ihre Stimme war tiefer als sonst. Ich wusste, dass sie die Wahrheit sagte. Sie hatte recht. Wir waren ein gutes Team.

„Mach dir mal keine Sorgen. So weit kommt es nicht. Unser Floß treibt Richtung Ufer, siehst du. Wir werden schon nicht einsam sterben." Ich zeigte mit dem Finger gen Hafen. „Wir kommen schon wieder nach Hause."

Die Prinzessin nahm einen großen Schluck Wein aus ihrem Glas, hielt es danach weiter fest und schaute mir nun starr in die Augen. Eigentlich hatte ich erwartet, dass sie auf meine Hafen-Metapher einging. Aber sie sagte kein Wort. Sie nahm einen weiteren Schluck Wein.

„Ja? Ist das so?", fragte sie nachdenklich.

„Ja. Keine Sorge", antwortete ich und holte langsam und tief Luft.

„Wir sitzen auf einem Felsen, Gregor. Und ich mache mir keine Sorgen", sagte die Prinzessin.

„Dann ist gut", sagte ich zögerlich. Ich fühlte mich ein wenig eingeschüchtert. Die Stimmung hatte sich von einem auf den anderen Moment geändert. „Wir werden nach Hause kommen und da haben wir dann genug Zeit, um einsam zu sterben", sagte ich und unerwarteterweise klangen diese Worte, als ich sie sagte genervter, als ich sie meinte.

Die Prinzessin griff nach der Flasche und füllte ihr halbvolles Glas wieder auf. „Ja?"

„Ja."

„Und willst du das denn?", fragte sie und schaute mir dabei weiter so starr in die Augen, als wollte sie einen Lügendetektortest mit mir machen. Ich konnte nicht fliehen. Der Boden war ja aus Lava. Und unser Floß war ein Felsen. Stattdessen nahm ich jetzt einen großen Schluck aus meinem Glas.

„Nein, das will ich nicht, aber wenn ich mir anschaue, wie es gerade läuft und mir Gedanken darüber mache, wie es weiterlaufen wird, dann gibt es leider kein Szenario, in dem ich am Ende nicht alleinstehend aus der Sache rauskomme", sagte ich und fühlte mich dabei so, als hätte ich der Prinzessin gerade eines meiner privatesten Geheimnisse verraten. Doch sie schien weder überrascht noch erstaunt. Ihr Blick war auf einmal viel konzentrierter. So als wollte sie durch mich hindurchschauen oder versuchen, mich verschwinden zu lassen. Ihre Augen waren leicht zugekniffen. Ihre Augenbrauen waren nach oben gezogen.

„Ach ja?", fragte Prinzessin van Mayer in einem interessierten, aber ernsten Ton.„Weil du meinst, dass du niemanden findest?"

„Nein, das ist ganz allgemein gemeint. Mir geht es nicht um mich. Mir geht es um uns alle. Es geht darum, wie wir leben und ob wir es schaffen, dass irgendwie mit irgendeiner Normalität zu kombinieren."

„Ja. Ich weiß, was du meinst."

„Ja, so denke ich ist das."

„Aha", sagte die Prinzessin und wirkte dabei jetzt auf eine ganz eigene Art gelangweilt von dem, was ich gerade gesagt hatte. „Was wäre denn, wenn einer von uns jemanden findet?", fragte sie dann und ich wusste nicht, ob sie die Frage so aussprach, wie sie sie aussprach, weil sie wusste, wie gering die Wahrscheinlichkeit war, dass so etwas passieren könnte oder weil sie diese Möglichkeit ausschließen wollte, um sich besser zu fühlen. Es war eine Frage, über die ich zweimal nachdenken musste, bevor ich eine Antwort gab.

„Das wäre schön. Und wir sollten uns das gegenseitig gönnen", antwortete ich und noch, während ich den Satz zu Ende brachte, wusste ich, dass meine Stimme nicht überzeugend klang, und ich wusste, dass ich nicht hätte wegschauen dürfen, hätte ich entschlossen wirken wollen. Sofort nachdem ich geantwortet hatte, trank ich das Weinglas in einem Zug aus. Die Prinzessin stand auf, ging an mir vorbei durch die Terrassentür ins Schlafzimmer und strich mir dabei mit ihrer Hand durch die Haare. Anscheinend war die Lava abgekühlt, ohne dass ich etwas davon gemerkt hatte. Wenige Stunden später ging mein Flieger nach Hause.

❋

Die wilden Zwanziger

Ludger, die Prinzessin und ich waren den ganzen Tag unterwegs. Wir waren im See schwimmen, hatten getrunken und ein paar Joints geraucht. Anschließend hatten wir eine Stunde am Strand gelegen.

Nun saßen wir in unserem Camp, die Seitentür des Campers geöffnet, drei Campingstühle und ein Tisch unter dem Pavillon. Jeder kramte in seinen Sachen, setzte sich dann wieder hin, um eine Pause zu machen, trank ein Glas Sekt oder rauchte eine Tüte, oder, oder, oder. Irgendwas war immer zu tun. Wir waren irgendwo zwischen hyperaktiv und übermüdet, zwischen betrunken und bekifft, zwischen aufgeregt und abgelenkt. Unser Ziel war es, gleich das erste Mal auf eine Tanzfläche zu gehen. Die Vorbereitungen liefen auf Hochtouren, inklusive aller nötigen Unterbrechungen.

„Also, ich habe hier noch ein fertig geschmiertes Brötchen", sagte Ludger. „Soll ich das mitnehmen?"

„Ich weiß nicht, ich habe echt nicht so viel Hunger", antwortete die Prinzessin.

„Ja, aber dann haben wir es, falls wir es brauchen. Also falls einer von uns Hunger bekommt, ist das Brötchen auf jeden Fall da. Logistik!", erklärte ich. „Ich finde, das ist eine gute Sache, sowas mitzunehmen."

„Ja, ich finde auch", schloss sich Ludger mir an. „Es ist ja auch noch Platz im Beutel. Wer trägt eigentlich gleich den Beutel? Ich finde wir sollten das aufteilen."

„Ich habe ja auch nicht gesagt, dass ich das schlecht finde, es mitzunehmen, nur, dass ich keinen Hunger habe. Das ist ja dann auch gut mit dem Platz. Dann pack das doch ein", antwortete die Prinzessin.

„Ja, oder was meinst du, Gregor?", fragte Ludger bei mir nach.

„Geh nie Tief ins Wasser, weil es Dativ ist", fügte die Prinzessin ein.

„Was...", Ludger machte eine Pause von ein paar Sekunden, „... heißt das?"

„Habt ihr eigentlich gesehen, ob es hier irgendwo eine Sauna gibt?", fragte ich in die Runde.

„Keine Ahnung", antwortete Ludger. „Nicht drauf geachtet. Ich bin nicht so zu haben für Sauna."

„Wegen nackt?“, fragte die Prinzessin.

„Nein, wegen Schweiß“, erklärte Ludger. „Ich finde es total ungeil in meinem eigenen Schweiß zu sitzen.“

„Du verpasst da was.“ Die Prinzessin war sich ihrer Sache sicher.

„Ja, das sagen alle“, antwortete Ludger. „Ich glaube, ich hebe mir das fürs Alter auf.“

„Und, hast du noch andere Pläne für dein Alter?“, fragte ich.

„Nein.“

„Ich bin der Meinung, alles, was du dir für später aufhebst, solltest du sofort machen“, sagte die Prinzessin selbstsicher.

„Was denn so?“, fragte Ludger.

„Also ich finde, hier könnte man schon mal etwas nehmen“, erklärte die Prinzessin und holte ein Baggy MDMA aus ihrer Gürteltasche. „Wer will?“

„Ja, können wir schon machen“, sagte Ludger. „Gregor, was denkst du?“

„Ich will mich da, ehrlich gesagt, verhalten wie die Schweiz. Neutral. Ich finde ihr habt beide recht. Wir können das Brötchen auf jeden Fall mitnehmen. Aber ich würde eigentlich lieber erst da was nehmen“, sagte ich.

„Wo?“, fragte Ludger.

„Da“, sagte ich.

„Ich meine, was?“, korrigierte sich Ludger.

„Was, was?“, fragte ich nach.

„Was willst du nehmen?“

„Das Brötchen?“, fragte ich.

„Nein“, erklärte Ludger. „Was du drüben nehmen willst.

„Ach so. Das MDMA. Das würde ich lieber erst drüben auf der Tanzfläche nehmen und das Brötchen hier schon einstecken.“

„Also, wenn wir das Brötchen hier schon einstecken, das fände ich auch gut“, sagte die Prinzessin. „Dann haben wir es dabei, falls wir es brauchen.“

„Ja und ich sage: ‚Ja, im Beutel ist noch Platz‘“, erklärte Ludger.

„Einverstanden“, sagte ich. „Und wenn wir drüben sind, dann würde ich auch was nehmen.“

„Verstehe ich nicht“, sagte die Prinzessin.

„Wieso? Wegen Retox und so. Ich versuche, es aufzuschieben. So weit wie möglich nach hinten“, fuhr ich fort.

„Ja. Kannst du ja. Aber du kannst doch auch hier starten. Ist doch viel besser, dann kommt es schon, wenn du da bist."

„Ja. Stimmt auch", bestätigte ich der Prinzessin und machte eine kurze Denkpause. „Dann will ich aber was ziehen."

„Ja ok. Dann ziehen wir halt was", sagte die Prinzessin, packte das MDMA wieder ein und holte dafür ein Baggy mit Speed heraus. „Wollt ihr noch einen Kaffee?", fragte sie in die Runde.

„Ja geil", sagte Ludger.

„Ja klar", sagte ich.

„Ja ich auch. Kann ich aber nicht machen. Ich habe Angst vor Gas", antwortete die Prinzessin in dem Wissen, dass sie der Campingküche am nächsten war. Das mit dem Gas war gelogen. Das wusste jeder von uns. Ludger reichte ihre Ausrede jedoch aus, sodass er das Kochen des Kaffees übernahm. Dafür portionierte die Prinzessin das Speed in drei gleich große Lines auf ihrem Handy, holte ihr Röhrchen heraus, zog eine Nase und gab das Handy weiter. Ludger zog und dann ich. Irgendwie komisch. Ich hatte mir meine Rückkehr zu den chemischen Drogen anders vorgestellt. Mit einem Trommelwirbel. Mit sowas wie einer kleinen Rede oder einem Resümee der letzten Wochen und Monate. Aber nichts. Die Nase war gezogen und ich war wach. Und wie. Retox. Die Nacht war angebrochen, die Zeit war reif. Meine Augen gingen auf, als hätte ich einen kleinen Stromschlag bekommen. Ich war von einem auf den anderen Moment fokussiert auf alle Eindrücke, die auf mich einprasselten. Die Menschen auf dem Weg am Rande des Camps. Ludger, der Kaffee kochte. Drei unterschiedliche Floors waren hier zu hören. Davon einer mit Psy-Trance, einer mit Tech-House und die Kon-Tiki musste irgendwo da draußen ihre Runden schwimmen. Auf die Plätze, fertig, Tox.

Als Erstes wollten wir uns nochmal in den Kronen umschauen. Wir wollten wissen, wie der Floor wirkte, auf dem wir spielen würden, welche Menschen dorthin kamen, wie die Anlage klang und wo man gut sehen oder sitzen konnte, das Ambiente kennenlernen und sich einstimmen konnte. Näherte man sich dem Floor, musste man ein großes Tor aus Ästen passieren, das in einem goldenen, warmen Licht erstrahlte. Ähnlich, als würde man eine Ritterburg von innen erblicken, standen um uns herum nun die Baumhaustürme an allen vier Ecken des Floors. Von den Bäumen, die den Floor überdachten, hingen Glühbirnen, Lampenschirme, Stoffe, Traumfänger, Vogelhäuser und, und, und. Alles wurde von einer angenehm unaufdringlichen, aber dafür umso wirkungsvolleren Lichtshow in Szene gesetzt. Mal waberten Lichtstrahlen über die Tanzfläche, dann wieder war alles nur noch goldgelb und warm in den Baumkronen angestrahlt. In der Mitte des Floors hing ein riesiger Kronleuchter, der ab und an vom Wind in verschiedene Richtungen geweht wurde. Das DJ-Pult war etwas erhöht und geschmückt mit Baumrinde, Moos und daraus hervorsprießenden Blumen. Ludger zog die Prinzessin und sie mich an die Treppe zum Baumhaus hinten rechts.

„Lasst mal hoch da", rief er.

Zuerst ging es eine kleine Treppe hinauf, bis man im Inneren des Baumhauses angekommen war. Hier war eine Theke, an der es Kaffee und Tee gab. Es roch nicht nur gut, es sah auch gut aus. Daneben ein weiterer Treppenaufgang, der in die erste Etage führte. Hier oben saßen um die zwanzig Menschen und machten meist rauchend eine Pause. Viel Platz zum Sitzen war nicht mehr. Deshalb wollte Ludger auch sofort noch eine Etage höher. Ganz oben im Baumhaus angekommen, war noch Platz genug, um eine neue Sitzgruppe zu eröffnen. Durch das Geländer, das aus Baumstämmen und Ästen zusammengeschraubt war, beobachteten wir die Menschenmenge auf dem Floor: Ein Meer aus Köpfen und Händen, das wellenartig auf und nieder, vor und zurück tanzte. Menschen, zum Teil wild und bunt verkleidet, mal alleine, mal zu zweit, mal in Gruppen. Und zu jeder Gruppe gehörte meistens ein Totem, lange Stäbe, die in die Luft gehalten wurden und an denen Lampenschirme, leuchtende Figuren, Logos, Laternen oder Raumschiffe hingen. Wenn am Ende der Stange ein Regenschirm befestigt und mit Plastiktüten, ein bisschen Lametta und Glitzer beklebt war, dann konnte das schon so aussehen, als würde eine Qualle über die Menge schwimmen. Es war verrückt, was für ein Meer aus Kuriositäten sich auf einem Floor bilden konnte, wenn dieser bunte Zirkus über den Menschenmassen schwebte. Das kam jetzt in der Dunkelheit richtig schön zur Geltung. Die Leuchtstäbe wackelten und schunkelten so wie auch die Menschen darunter. Das machte die Atmosphäre jedes Mal aufs Neue einzigartig und angenehm. „Guck mal da, ein Schiff." „Schau mal da, ein Planet." „Guck mal, der da. Ist das ein Seestern oder eine

Blume?" Das ging eine ganze Weile so. Schließlich wollte ich den Retox fortführen, denn dazu waren wir ja irgendwie auch hier. Ich legte mein Handy in unsere Mitte und tippte der Prinzessin auf ihr Knie. Sie war ein wenig überrascht darüber und erschrak.

„Ach so, ja", sagte sie und kramte in ihrer Gürteltasche. Heraus nahm sie das kleine Baggy mit unserem Speed und das Baggy mit dem MDMA. Sie steckte ihren kleinen Finger hinein und nahm in den Mund, was von dem Pulver daran kleben blieb. Dann gab sie das Baggy an Ludger weiter und griff nach einer Wasserflasche, aus dem Turnbeutel, den Ludger bis jetzt hier hingetragen hatte. MDMA. Das war keine Geschmackssache, das schmeckte einfach nicht. Trotzdem gehörte der bittere Geschmack einfach irgendwie dazu. Nachdem Ludger mir das Baggy gereicht hatte, feuchtete auch ich meinen kleinen Finger an und steckte ihn in das Pulver.

„Ich komme auf jeden Fall auch nicht schlauer wieder von hier weg, als ich gekommen bin", sagte ich und redete dabei mehr mit mir selbst als mit den anderen beiden.

„Wo willst du denn auch hin? Das hier ist keine Hin- und Rückreise", entgegnete die Prinzessin und machte sich daran Speed auf dem Handy zu verteilen. Schnell war sie damit fertig drei Lines zu formen und reichte Ludger das Handy, der bereits einen kurzen Strohhalm ausgepackt hatte. Auch ich merkte jetzt schon, wie viel Bock ich hatte, mir dieses Gemisch ein weiteres Mal durch die Nase zu ziehen. Die Lines waren dieses Mal so groß, dass ich beschloss, je eine Hälfte durch ein Nasenloch zu ziehen. Ich bildete mir ein, dass das besser wäre. Als ich zog, merkte ich, wie es sich in meiner Nase festsetzte. Die Musik war lauter und dabei doch klarer. Die Stimmen der Menschen wurden intensiver und konfuser und doch konnte ich mich dabei auf jede einzelne so genau konzentrieren, dass ich hörte, was sie sagte, auch wenn sie scheinbar vom anderen Ende des Dancefloors kam.

Es folgte, was immer folgte, wenn ich gerade in einen Abend voller Drogen einstieg. Zweifel. Konnte das hier richtig sein? Konnte das hier vernünftig sein? Waren wir vernünftig? Waren wir hier richtig? Oder waren wir etwa irgendwo gelandet, wo wir lieber wieder verschwinden sollten. Ich schaute auf die Tanzfläche. Hier zu sitzen fühlte sich richtig und falsch an. Ich schaute in unsere Runde. Ludger war damit beschäftigt, sein Dreh-Zeug zusammenzusuchen. Die

Prinzessin kramte weiter in ihrer Tasche. Dann schaute sie auf und direkt in meine Augen. Sie lächelte. So verkehrt konnten wir hier also nicht sein. Dann holte sie ein Taschentuch hervor und putzte sich die Nase, bevor sie mir das Handy abnahm. Ich merkte, wie das Pep brannte. Der bittere Geschmack klebte so krass, dass ich mehrmals nachziehen musste, bis es einigermaßen erträglich war.

Auch die Prinzessin riss die Augen auf, als sie ihre Line zog. „Ekelhaft", entfuhr es ihr leise. Man sah, wie ihr die Tränen in die Augen schossen und sie sich bemühen musste, still sitzen zu bleiben und den Ekelmoment abzuwarten.

Ludger drehte sich inzwischen eine Zigarette, sicherlich auch, um den Geschmack zu überdecken.

„Hast du ein Kaugummi?", fragte ihn die Prinzessin, woraufhin er in seiner Hosentasche kramte und ihr eine ungeöffnete Packung wortlos in die Hand drückte.

Meine Motivation zu tanzen stieg und ich empfand das Pep-Ziehen in diesem Moment so ähnlich, wie eine Teambesprechung beim Sport, wenn alle um den Trainer herumsaßen und er seine Mannschaft anfeuerte, so richtig alles zu geben. Für den Teamgeist. Am Ende brüllten alle so etwas wie „Bujaka!" oder „Hoch die Tassen!", stampften mit ihren Schuhen auf dem Boden des Baumhauses rum und machten sich auf ins Match. Bei uns handelte es sich dabei eben um die Nacht. Und der Trainer war für uns das Pep. Stampfen taten wir nicht, stattdessen rissen wir die Augen auf. Aber zumindest ein richtiges Team waren wir.

Nachdem Ludger seine Zigarette zu Ende geraucht hatte, stand ich entschlossen auf. Ludger und die Prinzessin taten es mir gleich und es ging wieder runter auf die Tanzfläche. Durch den ersten Stock, der inzwischen noch enger besiedelt war als vorhin, an der Kaffee-Bar vorbei, hinaus ins Gedränge und in den Lärm und gleichzeitig in die Massen von Menschen mit freudigen Gesichtern und bunten Kostümen.

In die Mitte des Floors war eine Erhöhung gebaut. Hier konnte man etwa einen halben Meter höher stehen und den restlichen Floor überblicken. Je weiter wir dorthin vordrangen, desto enger wurde es. Ein Sektkorken schoss aus der Menge in die Luft. Die Menschen standen dicht an dicht und tanzten auf und an allem, was nur fest genug verschraubt war. Kisten, Paletten, hinter, und links und rechts vom DJ, der wirklich gut in Fahrt war. Sie standen ihm zugewandt. Sie schauten ihn an. Er schaute sie an. So als würden Publikum und DJ die ganze Zeit miteinander reden. Er fragte: „Was braucht ihr?“, und sie fragten: „Was kannst du uns geben?“

Hey Gregor!“, hörte ich auf einmal, als wir gerade in der Mitte angekommen waren. Anna stand vielleicht zwei Meter hinter uns, mit einer Gruppe aus fünf oder sechs Leuten. Ich konnte es auf den ersten Blick nicht so gut erkennen. Als ich mich dann zu Anna durchgetanzt hatte, umarmte sie mich und nahm mein Gesicht in ihre Hände.

„Na, wie geht es? Habt ihr auch so Bock?“, rief sie mir zu. Es war so laut, dass alle jetzt standardmäßig nur noch riefen und nicht mehr redeten.

„Ja, und wie!“, rief ich zurück. „Bist du mit deinen Leuten da?“, fragte ich.

„Ja, genau. Wir campen zusammen“, Anna zeigte in die Runde um sich. Nur zwei der Menschen grüßten mich. Die anderen waren damit beschäftigt, den DJ zu fragen, was er ihnen geben konnte. Fair enough. Annas Gruppe hatte ein Totem, an dessen Ende ein leuchtender Planet wackelte und um diesen wiederum wackelten ein paar andere kleinere Planeten. Das war fast schon Modellbau, was die Menschen da betrieben hatten. Wahrscheinlich hatten sie das gestern Abend am Zelt im Sitzkreis noch zusammengebastelt, dachte ich mir.

„Geiler Rave-Stab“, rief ich und Anna fing an zu lächeln.

„Das war gar nicht schwer. Also man nehme einen Luftballon und umhülle ihn mit Pappmaschee, dann braucht man Farbe, die im Schwarzlicht fluoresziert, also Blau oder Lila am besten, oder aber transparent, dann verziert man das mit so Mustern, siehst du? Oder man kann das bemalen. Entweder mit Acryl-Stiften oder Bastelkleber und Öko-Glitzer oder am besten beides. Dann kannst du das noch Auskleiden mit Luftpolsterfolie, oder Stoff oder anderer Folie. Dazu dann LED-Streifen für die Umlaufbahnen. Siehst du das? Lametta geht auch immer oder Pailettenband oder Satin oder Geschenkband“, erklärte Anna. Sie war voll in Fahrt.

„Aha“, konnte ich kurz einwerfen, bevor es weiterging.

„Durchsichtige Plastikstreifen sind auch immer gut, Rüschen, Tüll, Klimbim, ein paar Lichterketten. An die Enden von den Streifen kannst du auch gerne so kleine Bommel machen oder Mini-Disco-Kugeln. Alles Holographische, Glitzernde, Schimmernde, Glänzende, Irisierende und Fluoreszierende ist geil. Zum Zusammenhalt dann Klebeband, Kleber, Tacker, Kabelbinder, Nadel und Faden, Heißkleber. Geht alles. Und du darfst halt absolut nicht vergessen, das Ganze ist Upcycling. Wenn du was auf der Straße findest, was gut ist, dann kannst du das wiederverwenden."

Ich war erschlagen von Annas ausführlicher Antwort und nahm mir einen Moment, um zu überlegen, wie es jetzt weiterging.

„Da hinten sind Ludger und die Prinzessin", rief ich und zeigte mit meiner Hand nach vorne, dahin, wo ich die beiden eben noch gesehen hatte. Jetzt gerade konnte ich sie nicht mehr sehen. Der ganze Floor war vernebelt. Ich konnte gerade so die eigene Hand vor meinen Augen erkennen. Aber irgendwo da waren die beiden. „Soll ich euch mal connecten?"

„Ja, klar. Aber warte." Anna lehnte sich zu einem ihrer Freunde und rief ihm etwas in sein Ohr. Danach kam sie wieder zu mir. „Nur, dass die auf meine Sachen aufpassen. Die liegen hier."

In dieser großen Menschenmenge von einem Punkt an den anderen zu kommen dauerte. Für ein paar Meter konnte man auch mal einige Minuten brauchen, je nachdem, wie die Lage eben gerade war. Ich war nur einen Meter gegangen, da hatte sich zwischen Anna und mir schon wieder eine neue Reihe Menschen formiert, die ungewollt eng beieinanderstanden und Anna den Durchgang verwehrten. Ich griff ihre Hand, als sie gerade zwischen zwei der Menschen hervorschaute. Sie hatte wohl versucht, die beiden ein wenig auseinanderzuschieben. Ich zog ein wenig und kurz darauf merkten auch die beiden Fremden, dass ich auf meinem Weg nicht alleine war. Bis zur Prinzessin und Ludger gestaltete sich der restliche Weg dann aber einfacher und es ging schneller voran.

„Hi, na. Guckt mal. Anna ist da", rief ich den beiden zu.

„Hallo", rief Anna und lächelte Prinzessin van Mayer an. Diese schien durchaus überrascht davon zu sein, Anna auf einmal vor sich zu sehen. Ludger winkte. Anna winkte zurück.

„Wie geht es euch? Habt ihr euch schon gut amüsiert?", rief Anna.

Die Prinzessin stutzte. Erst im zweiten Anlauf gelang es ihr, eine

Antwort zu geben. „Ja, na klar. War ein schöner Tag bis jetzt. Seit wann bist du denn da?“, fragte sie. Erst jetzt ließ Anna meine Hand los.

„Schon seit Mittwoch. Gregor und Ludger habe ich ja auch schon beide getroffen.“

„Ach. Das hat mir gar keiner erzählt“, sagte die Prinzessin und schaute dabei erst mich und dann Ludger an. Dieser zündete sich eine Zigarette an und schaute durch die Menge. Ich wusste, dass das jetzt den ganzen Abend so bei ihm gehen würde mit dem Rauchen. Eine nach der anderen, es sei denn, zwischendurch würde jemand einen Joint drehen, anzünden, rauchen und an ihn weitergeben. Das waren dann meistens die Prinzessin oder ich. Sie hatte vor einem Jahr mit dem Rauchen aufgehört. Seitdem kiffte sie aber viel mehr als vorher. Ich hatte nie Zigaretten geraucht. Immer nur Tüten. Das aber auch schon seit ein paar Jahren. Mit dem Feiern steigerte sich mein Kiff-Verhalten dann nochmal. Wir hatten uns da gegenseitig hochgeschaukelt. Die Situation erlaubte es, über die indirekt gestellte Frage der Prinzessin hinweg zu sehen und nicht darauf einzugehen, weshalb weder Ludger noch ich ihr von unserem Treffen mit Anna erzählt hatten. Warum Ludger davon nichts erzählt hatte, war klar. Es war für ihn wohl nichts Besonderes. Ich hingegen hatte es einfach nicht als nötig erachtet, zu erzählen, dass auch Anna auf diesem Festival war. Erst jetzt machte ich mir Gedanken darüber, ob die Prinzessin gerne davon gewusst hätte und ob die jetzige Situation für sie unangenehm sein könnte. Bis auf ihren verwirrten Blick gerade eben hatte ich aber kein Anzeichen dafür ausmachen können und deshalb auch kein schlechtes Gewissen. Ich holte mein Drehzeug aus der Tasche und fing an, eine Tüte zu bauen. Anna unterstütze mich, indem sie mir immer wieder wechselnd in die Hand drückte, oder entgegennahm, was ich gerade zum Bauen brauchte oder eben nicht. Nach einer halben Stunde, wenigen Gesprächen, besagter Tüte und ein paar ungewollten liebevollen Schubsern von den Fremden links von mir, verabschiedete sich Anna und ging wieder zu ihrer Gruppe. Wir sagten uns, dass wir uns später wiederfinden würden.

„Wie habt ihr euch denn getroffen, gestern?“, unterbrach die Prinzessin meine Gedanken. Bisher hatte ich gedacht, dass sie in den letzten Minuten einfach nur tief im Tanz versunken war, so wie ich.

„Am Kiosk."
„Und wie war das so? Hast du dich gefreut?"
„Ja, voll. Wir haben uns ja auch voll lange nicht gesehen."
„Aha." Die Prinzessin tanzte und schaute mich weiter so an, als ob ihre Frage noch nicht ganz beantwortet sei.
„Wir hatten auf jeden Fall eine Menge zu erzählen."
„Ja?"
„Ja, schon. Ist viel passiert."
„Ach so. Was denn so? Ich weiß ja kaum was."
„Nein, ich weiß. Das war ja irgendwie noch nicht unsere Zeit, als Anna noch da war."
„Stimmt. Das war mehr so Gregor-Anna-Zeit", ergänzte die Prinzessin meinen Gedankengang.
„Ja, schon", rief ich. Es war komisch, der Prinzessin vorzurechnen und zu erzählen, was Phase war, bevor wir beide uns so gut verstanden wie jetzt.
„Und wie war das Wiedersehen?", fragte sie und es fühlte sich an, als würde sie aus Höflichkeit fragen, nicht aus Interesse. Nie hatte sich die Prinzessin für Anna interessiert, bis auf das Wochenende an dem Anna mir sagte, dass sie nach Chile ging. Und heute, wo sie Anna nach so langer Zeit wiedergesehen hatte, stellte sie zum ersten Mal wieder Fragen zu ihr.
„Wir hatten nur etwas Wein und ein, zwei Tüten. Ein entspannter Abend."
„Ach so. Okay."
„Wieso fragst du?"
„Nur so." Sie machte eine kurze Pause. „Ich dachte, vielleicht muss ich da was wissen, oder so", rief sie mit einigem Zögern.
„Was denn?" Ich merkte, wie mir das Speed noch immer half, mich trotz des Lärms von mindestens hundert Dezibel auf die Worte der Prinzessin zu konzentrieren.
„Also, wenn ihr zum Beispiel mal was miteinander gehabt hättet damals, oder so. Kann ja sein. Dann hätte ich das einfach wissen wollen, damit ich nicht blöd danebenstehe, falls ihr hier wieder rummachen wollt, oder so."
„Ach so", rief ich. „Also ich mag sie. Ja. Und da war auch mal was zwischen uns, aber ich glaube wir wussten einfach beide nicht, ob es etwas Verbindendes oder etwas Trennendes war."

„Okay. Warum?"
„Warum was?"
„Warum du sie magst."
„Sie ist ehrlich. Sie ist nett. Sie ist jemand, mit dem man gerne feiert."
„Verstehe." Die Prinzessin schaute wieder gen DJ.
Sie war verunsichert und das hatte ich bisher selten erlebt. Ich bemerkte das nicht anhand der Fragen, die sie stellte oder den Worten, die wir wechselten, sondern vor allem daran, wie sie schaute und in welchem Ton sie mit mir redete.
„Wir saßen gestern ja noch kurz bei uns im Camp. Hast du uns nicht gehört?"
Die Prinzessin schaute wieder mich an. „Nicht viel. Ich bin ein oder zwei Mal kurz aufgewacht. Da habe ich euch gehört. Da habt ihr vom Spirit und Glück geredet, glaube ich. Was Festivals so besonders macht und so Sachen. Aber ich war zu müde um drauf zu kommen, dass Anna das war."
„Ist das denn cool für dich?"
„Was soll denn daran nicht cool sein?", fragte die Prinzessin und schaute wieder nach vorne. Es schien mir nicht so, als ob der DJ gerade etwas Passendes für sie hatte. Sie schaute eher gelangweilt. Und jetzt schien sie sich auf einmal mit keiner Haarspitze mehr für Anna zu interessieren.
„Das kommt gerade bei mir", rief die Prinzessin und konzentrierte sich auf ihre Tanzschritte. Ihre Arme hielt sie nah an ihrer Brust und wippte mit ihren Händen zum Takt. Eins. Zwei. Drei. Vier. Ihr Kopf war nach vorne gelegt und schaukelte sich leicht hin und her. Ihre Füße tippten ganz leicht. Der Linke machte eins und drei, der Rechte machte zwei und vier. Es machte Spaß, der Prinzessin beim Tanzen zuzuschauen. Es gab ja solche Menschen, die verbreiteten einfach nur durch ihre Art zu tanzen eine positive Energie in einem Umkreis von zwei bis fünf Metern um sich. Ich liebte es, in diesem Energiefeld zu stehen, und war jedes Mal froh, wenn die Prinzessin gerade eins davon erzeugte. Ganz schön viel Gegenwart. Aber richtig schön.

Links an mir vorbei war gerade eine Menschenschlange im Begriff, den Floor zu verlassen, als ihr Marsch auf einmal stoppte.

Anscheinend gab es weiter vorne in der Schlange einen Stau. Während dieses kurzen Zwischenstopps der Gruppe kreuzten sich meine Blicke mit denen einer Schlangenteilnehmerin, die den Floor bemusterte und bewunderte. Ihr Blick blieb an meinen Augen hängen. „Oooohh. Enjoy", sagte die Frau, mit einem französischen Akzent und lächelte mich breit an, bevor sich ihre Schlange kurz darauf wieder in Bewegung setzte. Sie legte mir noch ihre Hand auf die Schulter, bevor sie plötzlich wieder nach vorne geschoben wurde und in der Menge verschwand. Ich beobachtete die Menschen beim Tanzen, beim Laufen und beim Feiern. Die Art und Weise, wie sie ihren Aufenthalt auf dem Floor gestalteten, war dabei eigentlich keine andere, als die von Menschen, die zusammen wandern gingen. Nur dass sie nicht wanderten, sondern tanzten. Und es gab auch keine Landschaften, dafür aber den Floor. Ausblicke in die Natur gab es auch nicht viele zu genießen, dafür aber Musik und Lautstärke. Es war so, wie wenn eine Schulklasse einen Ausflug machte, mit Gesprächen, mit Witzen, mit Flirtereien. Der Abend hatte manchmal Längen, verflog dann aber wieder wie im Flug. Je krasser die Drogen wirkten, desto mehr war es so, als hätte das Schicksal aus uns und denen um uns herum eine Gruppe aus Menschen gebildet, die einzig dazu da war, genau jetzt diesen Moment gemeinsam zu verbringen. Wenn wir so erstmal ein paar Stunden mit- und nebeneinander verbracht hatten, würden wir die anderen hier früher oder später auch kennenlernen. Das geschah dann meistens durch Blicke und durch Unterhaltungen, die wir ohne Worte führten. Ich beobachtete Menschen, wie sie sich unterhielten und dachte mir Dialoge aus, die ich ihnen in meinen Gedanken in den Mund legte. Und je länger der Abend wurde, desto umfangreicher wurden auch die Geschichten, die ich mir da zusammenkonstruierte, und umso komplexer wurden meine Überlegungen, in welchen Verhältnissen die Menschen hier zueinanderstehen konnten und so abstruser wurden die Worte, die ich mir für ihre Lippen überlegte. Am spannendsten war es immer dann, wenn sich zwei oder mehr Menschen unterhielten und den Floor danach verließen. Das war ein guter Moment, um zu spekulieren, warum die Personen gegangen waren. Für mich war das ungefähr so, wie es für andere Menschen sein musste, wenn sie sich einen Krimi anschauten. Unterhaltsam und spannend. Dabei verflog die Zeit so schnell, es fühlte sich an, als wären nach wenigen Minuten schon einige Stunden vergangen. Unser Gespür für Zeit verflog nach und nach in weite Ferne. Ich wusste nicht mehr, ob die Prinzessin und ich uns vor fünf Minuten oder zwei Stunden unterhalten hatten und wie lange es her war, seitdem sie mich das letzte Mal angeschaut hatte. Irgendwie war das aber jetzt gerade auch egal, denn ihrem Blick nach vorne aus zu urteilen, war sie glücklich und alles wieder gut. Ich kannte solche Situationen schon. Dieses Hin und Her der Stimmung zwischen der Prinzessin und mir war mit der Zeit ein wiederkehrender Begleiter geworden. Unsere gemeinsame Stimmung änderte sich manchmal von einem Moment auf den anderen und zwar fern jeglicher Taktung. Alles konnte der Grund für einen Umschwung zu positiver wie negativer Stimmung sein. Der einzige Grund dafür, dass wir uns bei unseren Stimmungsschwankungen nicht ständig in die Haare bekamen war, dass wir das nicht wollten und deshalb die Stimmungen des anderen tolerierten, beziehungsweise zur Kenntnis nahmen und damit lebten. Soweit es uns möglich war, versuchten wir auch, darüber zu reden, aber manche unserer Konflikte erkannten wir erst viel zu spät und mussten sie dann natürlich vorher noch mit uns selbst klären, bevor wir in ein Gespräch gehen konnten. Wir wussten, dass das so war und wir hatten uns irgendwann mal versprochen, damit so umzugehen, wie wir jetzt damit umgingen. Ich war mir sicher, dass die Prinzessin ansprechen würde, was sie ansprechen wollte, falls sie etwas ansprechen wollte. Und sie konnte sich sicher sein, dass ich ihr ehrliche Antworten gab. Das war keinesfalls immer leicht, aber ein wichtiger Teil unserer gemeinsamen Basis.

„Ach so. Ich glaube, ich wollte schon vor einer Stunde pinkeln gehen“, rief die Prinzessin verdutzt, als sie mich wieder ansah.

„Okay. Wo ist eigentlich Ludger?“, rief ich.

„Der holt Bier.“

„Geil.“

Die Prinzessin schaute wieder nach vorne.

„Soll ich dir mal was erzählen oder stört dich das?“, rief ich.

„Nee, mach mal“, antwortete die Prinzessin.

„Ich habe festgestellt, dass ich anfange mit mir selbst zu reden, wenn ich zu viel alleine bin.“

„Ach ja?“

„Ja.“

„Alleine im Sinne von alleine zu Hause oder alleine unterwegs?“

„Beides. Das habe ich im März gemerkt, in den zwei Wochen mit den vielen Gigs, weißt du?“

„Ja. Ja. Ich weiß.“

„Bevor ich zu Hause losgefahren bin, habe ich das erste Mal im Badezimmer mit mir selbst geredet, also laut mit mir gesprochen. Da habe ich mich voll erschrocken.“

„Und war das auch witzig?“

„Ja, das war später auch witzig. Aber am Anfang nicht. Ich dachte, das würde jetzt in so einer Störung enden und dann habe ich mir einfach angewöhnt, das zu lassen.“

Die Prinzessin schaute mich kurz an, dann wieder nach vorne. Sie überlegte sichtlich, was sie sagen sollte.

„Aber wer weiß, was da noch gekommen wäre, wenn du es zugelassen hättest?“, rief sie. Die Nebelmaschine pustete und wieder standen wir in diesem weißen Etwas, dass uns die Sicht in alle Richtungen erschwerte.

„Ja, ich weiß, was du meinst. Gute Frage. An was denkst du denn?“

„Ja, irgendwie, keine Ahnung.“ Die Prinzessin drehte sich um neunzig Grad zu mir, sodass wir uns gegenüberstanden. „Als ich mit dem Rauchen aufgehört habe und dann das erste Mal wieder an einer Tüte gezogen habe, da musste ich kurz würgen. Da habe ich gedacht, dass mir mein Unterbewusstsein gerade sagt, wie ekelhaft das eigentlich ist. Wenn man das im Normalmodus macht und daran gewöhnt ist, dann wird das Unterbewusstsein so unterdrückt, dass man das nicht mehr merkt. Erst wenn das überraschend oder spontan kommt, so wie wenn jemand vor dir plötzlich anfängt zu kotzen, dann findest du das auch ekelhaft, weißt du, was ich meine? Und vielleicht könnte dein Unterbewusstsein ja auch wieder mit dir sprechen, wenn du es reden lässt.“

Die Prinzessin hatte die Gabe, ihre Gedankengänge gut verständlich zu erklären. Ich beneidete sie darum.

„Was hat es denn gesagt im Badezimmer?“, fragte sie.

„Weiß ich nicht mehr. Ich glaube, dass ich irgendwas nicht vergessen soll. Aber nichts zum Einpacken oder so. Sondern so was Überlebenswichtiges.“

„Atmen oder so."

„Ja, sowas. Oder freundlich sein. Keine Ahnung. Vielleicht auch kiffen."

„Ja, kiffen ist auch wichtig. Dann bau ich jetzt besser einen. Gib mal Sachen."

„Wollen wir uns mal setzen?", fragte ich.

Die Prinzessin bestätigte meine Frage mit einem schnellen Blick zu mir und dann zum Rand des Floors. Als wir nach ein paar Minuten einen Sitzplatz auf einem Podest neben der Bar gefunden hatten, drehte die Prinzessin die Tüte ohne fremde Hilfe und Inside-Out in unter zwei Minuten. Respekt. Stolz zündete sie den Joint an und drückte mir ihr Feuerzeug in die Hand. Obwohl ich noch zwei davon in meiner Brusttasche hatte, steckte ich ihres dazu.

„Ey. Ich bin so blöd", ärgerte sich die Prinzessin plötzlich.

„Warum das denn?", fragte ich.

„Pinkeln, Gregor. Ich will und muss pinkeln. Und zwar dringend. Ich vergesse das nur andauernd. Oder ich muss andauernd."

„Also das letzte Mal als du das gesagt hast, bist du auf jeden Fall nicht gegangen. Vielleicht liegt es daran."

„Ach so?"

„Ja."

„Ach so."

„Ja. Dann geh doch jetzt schnell. Jetzt weißt du es ja gerade. Ich warte hier", schlug ich vor.

„Ja, ok. Ok, ja. Dann geh ich jetzt", sagte die Prinzessin, reichte mir den Joint und wollte gerade aufstehen, als im nächsten Moment Anna vor uns stand.

„Na, wartet ihr auf die Eintänzer?", rief sie uns entgegen und brachte sowohl die Prinzessin als auch mich damit zum Lachen. Anna war verschallert. Das sah man sofort. Ihre Stimme klang wie eine Mischung aus einer extrem coolen Zeichentrickfigur, die auch oder gerade Erwachsene abfeiern würden, und einer Freundin, die wir schon lange kannten. Ich freute mich, dass auch die Prinzessin gute Laune hatte, als sie Anna sah. „Also die letzten drei Gespräche, die ich geführt habe, waren alle Deep Talk. Und hier ist das Fazit: Die Wahrheit ist, dass wir wieder in den wilden Zwanzigern leben", rief Anna uns ins Gesicht und lehnte sich dabei richtig weit nach vorne zwischen die Prinzessin und mich, während sie mit ihrer

Hüfte weiter im Takt hin und her wackelte. In der Hand hatte sie einen kleinen Spiegel, eindeutig aus einem Schminkset zweckentfremdet. Darauf lagen drei weiße Lines. Augenscheinlich Pep oder Emma oder Keta oder Koks. So weit konnte ich das eingrenzen.

„Wer will Pep?", rief sie, nahm den Spiegel wieder zu sich und zog die erste Nase durch ein goldenes Röhrchen. „Und zwar ziemlich genauso, wie man sich das vorstellt, ist das. Wir treffen uns in Hinterzimmern und kippen den Sekt Flasche nach Flasche in uns hinein. Parallel dazu tanzen wir auf den Tischen und grölen laut mit", rief Anna.

Ich griff nach dem Spiegel, kramte mein Ziehrohr aus meiner Brusttasche und zog. Sie hatte irgendwie recht. Dachte man sich den Charleston weg und ersetzte ihn durch Technobeats und ergänzte man die Anzüge mit Pailletten in vielen Farben, dann waren wir schon ziemlich genau da, wo wir vor hundert Jahren schon einmal waren. Der Rausch, die Berieselung, der Tanz, der Sekt, der in Strömen floss und die Drogen, die auf silbernen Spiegeln oder Tabletts angereicht wurden. Die wilden Zwanziger waren lebendiger denn je. Ich schaute der Prinzessin in die Augen und bewegte meine Lippen so, als würde ich „Yes" sagen. Die Prinzessin griff nach dem Spiegel.

„Was für eine beschissene Droge", sagte sie ebenso leise wie ich, nachdem sie ihre Nase gezogen hatte und den Spiegel an Anna zurückgab. „Aber danke", rief sie Anna entgegen und lächelte sie an. Auf mich wirkte das so, als wenn die Prinzessin gerade versuchte eine Verbindung zu Anna aufzubauen. Auch wenn ich keinen Einfluss darauf hatte und auch keinen Einfluss darauf nehmen wollte, hoffte ich, dass Anna mit einem cleveren Satz antworten und das Andockmanöver der Prinzessin bestätigen würde.

Wie jedes Mal, wenn ich eine Nase nahm, hatte ich kurz darauf das Gefühl, dicke, graue Augenringe zu bekommen. Ob das so war? Wahrscheinlich. Je mehr man von dem Zeug nahm, desto mehr musste man kauen und beißen. Irgendwann wurde es echt eklig. Man wurde dann total unentspannt und außerdem paranoid, weil man zu lange wach war und irgendwie hatte sich der Gedanke in meinem Kopf festgesetzt, dass Pep zur Hälfte aus Rattengift bestand und in irgendwelchen kleinen Laboren in Hochhauswohnungen in den weniger schönen Wohnvierteln hergestellt wurde. Pep war wirklich ekelhaft. Aber dafür auch eine super Medizin, wenn man zu betrunken war. Nase rein und es ging wieder. Geil. Also weiter und weiter. Es war schwierig, ein Ende zu finden, wenn man peppte. Es war ja auch genau das Gegenteil vom Aufhören, was man wollte, wenn man Pep zog. So lange es Musik und Pep gab und ab und zu ein Leitungswasser, war die Welt für viele Menschen in Ordnung. Es brachte einen wieder nach vorne. Und das brauchte es eben oftmals. Es war außerdem billig. Viel Ballern für wenig Geld. Und es machte einen nicht so unsympathisch und abgehoben, wie es bei Koks war. Trotzdem war es sehr wahrscheinlich, dass Ludger bei jedem von uns spezifische Pep-Symptome erkannte, kurz nachdem er mit drei vollen Bechern Bier fast an uns vorbeilief. Keine Ahnung, wie lange er gebraucht hatte, um es von der Tanzfläche zur Bar und dann wieder zu uns zu schaffen, zumal niemand ihm Bescheid gegeben hatte, dass wir hier waren. Anna erkannte ihn schnell genug und konnte ihn gerade noch davon abhalten, mit den Bechern in die Menschenmenge zu gehen. Wir gönnten uns das Bier noch im Sitzen, bevor es wieder auf die Tanzfläche ging.

Viele Minuten oder wenige Stunden später blinkte es oben links alle sechzehn Takte erst viermal rot und dann viermal weiß. Rechts umgekehrt. Ziemlich unregelmäßig, weil wahrscheinlich von Hand gesteuert, wurde die Diskokugel angestrahlt. Sie drehte sich. Auf der mehr als ausreichend lauten Anlage lief inzwischen Deep House, der abräumen wollte. Wir tanzten. Ludger war da. Die Prinzessin war da. Anna war inzwischen nur noch partiell da. Es hatte sich so eingependelt, dass sie zwischen ihrer Gruppe und unserer Gruppe hin und her tingelte. Sie berichtete dann immer, was sie auf der Reise erlebt hatte und es schien irgendwie so, als ob sie nur noch hin und her reiste, um zu erzählen, wie die Reise war. Nebel und Stroboskop waren derzeit sehr gefragt. Egal, in welche Augenpaare auf dem Floor man blickte, sie alle sprachen dieselbe Sprache: Drogen und Bock. Für Außenstehende und Unwissende konnte es so wirken, als sei das Festival in vielleicht einer oder zwei Stunden schon wieder vorbei. Doch das Gegenteil war der Fall. Es ging gerade erst los. Ludger, die Prinzessin und ich standen in einer Reihe nebeneinander, dem DJ zugewandt, mit dem Blick starr nach vorne. Wir redeten schon lange nicht mehr. Unsere Kommunikation verlief wortlos. Ich war gespannt darauf, was ich gerade in der Hand hielt und erinnerte mich daran, dass wir die ganze Zeit über eine Wasserflasche immer von rechts nach links und von links nach rechts, hin und her reichten. Pech war es, wenn man die Flasche austrank. Wer austrank, musste auffüllen. Wir kauten auf unseren Kaugummis. Einige von uns schon seit Stunden. Der Beat wurde monotoner und die Tracks wurden länger. Die Trance wurde größer. Wir versanken in der Musik und in der Masse der ein- oder achthundert Menschen, die mit uns auf den Beinen waren. Zu irgendeiner Uhrzeit. Ich überlegte, ob die Sonne gerade auf- oder untergehen würde oder ob es sich bei dem Licht, was ich am Horizont sah, einfach nur um eine Spiegelung, einen Scheinwerfer oder eine andere Lichtquelle handelte, die ich gerade nicht erkannte. Ich war orientierungslos. Trotzdem fühlte ich mich sehr geborgen. Ich war an der Stelle des Abends angekommen, an der ich nicht mehr differenzieren konnte, welche Droge gerade was mit mir machte. Doch genießen konnte ich den Rausch in vollen Zügen. Man konnte mich jetzt zehnmal im Kreis drehen, mich loslassen und ich würde mich freuen, egal in welche Richtung ich dabei am Ende gehen würde. Der Beat wummerte. Der Boden bebte. Gut. Die nächste Kick, der nächste Break, der nächste Synthie. Ich schaute durch die Menge und sah nur noch Gesichter, die mich anlächelten. Dann auf einmal die letzte Kick. Ein paar Melodien waren noch zu hören. Menschen fingen an zu johlen und zu rufen und zu applaudieren. Liebe wehte durch die Kronen und manche fielen sich in die Arme. Auch wir drei fühlten uns beschwingt und tanzten langsamer und langsamer, bis die Musik schließlich verstummte. Erschöpft und müde setzen wir uns am Rand des Floors auf einen umgefallenen Baumstamm.

„Ich gehe jetzt gleich schlafen“, sagte Ludger müde.

„Hast du es gut“, antwortete ich.

„Es zwingt euch ja keiner.“

„Das kann man so jetzt aber auch nicht sagen“, erwiderte die Prinzessin. „Es ist ja nicht so, als könnten wir uns jetzt einfach hinlegen und schlafen. Das geht ja schon faktisch ganz einfach nicht.“

„Aber man kann ja vorher damit kalkulieren, dass man irgendwann schläft“, entgegnete Ludger.

„Ja, irgendwann. Aber nicht jetzt“, erwiderte die Prinzessin.

„Ja weißt du, wer meint, immer zehn von zehn Kerzen anzünden zu müssen, der darf sich dann aber auch nicht wundern", sagte Ludger in einem inzwischen etwas weniger mitfühlenden Ton.

„Und wer meint, ein Rave fände nicht statt, nur weil man nicht hingeht, der denkt auch, dass die Welt stehenbleibt, wenn man stirbt", keifte die Prinzessin zurück.

„Ey. Liebe, ihr beiden. Ich will gerade Liebe und nicht, dass ihr beide euch ankackt", war das Einzige, was ich dazu sagen konnte.

Ein Moment der Stille entstand, verweilte und verschwand wieder.

„Entschuldige, lieber Ludger. Entschuldige. Ich verspreche dir, dass wir gleich versuchen werden, zu schlafen", sagte die Prinzessin. Woraufhin Ludger aufstand und sich vor uns stellte. Die Prinzessin stand auch auf und die beiden umarmten sich. Also stand auch ich auf. Wir wünschten uns eine gute Nacht und verabredeten uns mit Ludger zum Frühstück. Die Prinzessin und ich verließen den Kronen-Floor nur wenige Minuten nach ihm. Für heute war der Flow des Floors erschöpft. Über die abfallende Hängebrücke gingen wir in den Wald hinein und setzten uns auf einen Teppich, der mitten auf dem Ambient-Floor lag. Die Prinzessin holte eine dünne Decke aus dem Turnbeutel, mit der wir zumindest unsere Beine bedecken konnten. Dann legte die Prinzessin ohne weiteren Kommentar zwei Lines Ketamin. Immer noch schweigend nahmen wir sie zu uns. Ich legte mich auf den Rücken und schaute starr nach oben. Ich beobachtete, wie die Scheinwerfer ihre langsamen Farbwechsel in die Bäume warfen. So intensiv wie in der Nacht konnte man das jetzt nicht mehr erkennen. Die Morgensonne erhob sich schon wieder. Noch ließ aber das bunte Licht die Äste ein paar Meter über uns leuchten. Immer wieder bewegten sie sich und ab und zu sah man etwas anderes dazwischen blinken. Mit etwas Mühe konnte ich am Himmel noch ein paar vereinzelte Sterne erkennen. Ein wirklich schöner Anblick. Noch schöner natürlich, wenn man ihn mit Ketamin beäugte. In diesem Moment fühlte es sich so an, wie zwischen der sieben und der sechs, wenn der Anästhesist vor der OP von zehn herunterzählte. Und das für fast eine ganze Stunde. Die Prinzessin setzte sich irgendwann auf. Dann legte sie mir ihre Finger auf die Schläfen und fing an, sie zu massieren. Mir fielen die Augen zu und ich verfolgte im Kopf die Bewegung ihrer Finger auf meiner Stirn. Wellenartige Bewegungen von innen nach außen. Auf einmal schwache Lichter, die sich hinter meinen geschlossenen Augen mit den Bewegungen der Hände der Prinzessin synchronisierten. Ein kleines Farbenspiel begann. Je länger sie massierte, desto tiefer konnte ich mich fallen lassen und vergaß, wie ich da lag, und verschwand im zwar dunklen, aber unglaublich interessanten Raum, der sich gerade zwischen meinem Hirn und meiner Stirn breitmachte. Die Farben nahmen Formen an und wurden zu Bildern. Ich sah Landschaften, Meere und Berge, Bäume und Himmel und Sonnenschein. Als wäre ich auf einer Reise. Und dann sah ich wirklich mich, in dieser Natur, bis die Bewegungen der Prinzessin langsamer und die Bilder dunkler wurden. Und alles wurde langsamer. Und alles wurde dunkler. Und dann hörte es auf. Ich öffnete die Augen und die Prinzessin lächelte mich an. Kalter Schweiß auf meiner Stirn. Ich lächelte zurück und wir schwiegen weiter. Es dauerte noch eine Weile, bis ich ihr erklären konnte, was da gerade bei mir passiert war.

„Das freut mich total. Voll schön. Und was macht das jetzt mit dir?"

„Das macht mich irgendwie froh und ich überlege, was das mit der Natur auf sich hat. Vielleicht gehe ich mal wandern demnächst, das kommt mir gerade wie eine gute Idee vor. Allerdings ist das mit dem Bewegen etwas schwierig. Gerade muss ich auf jeden Fall noch liegen."

„Womit man einen Trip noch so verbringen kann", sagte die Prinzessin, während sie über den Ambient-Floor blickte. Viele Menschen waren hier nicht mehr. Aber auch sonst musste es auf dem Festivalgelände gerade eher leer sein als voll. Mit uns waren noch zwei oder drei andere Sitzgruppen hier und lauschten den entspannenden Klängen.

„Ja, oder? Wenn man das Ganze mal nicht so beiläufig nehmen, sondern sich damit beschäftigen würde, was passiert, das wäre schon toll", sagte ich.

Die Prinzessin holte ein wenig weiter aus. „Wusstest du, dass dein Unterbewusstsein alles um dich herum zu hundert Prozent wahrnimmt? Die ganze Zeit? Das ist nämlich so: Du bist irgendwo und dein Unterbewusstsein nimmt immer alles, alles auf, aber du selbst filterst das, was für dich unwichtig ist, also zum Beispiel, wie viele Leute da jetzt gerade hinter dir sitzen oder so. Eigentlich weißt du das, aber du filterst es weg. Also zum Beispiel saß ich irgendwann heute oder gestern am Camper und wollte einen Joint drehen. Aber ich habe den Tabak nicht gefunden. Ich hatte aber auch keine Lust zu suchen, also habe ich es gelassen. Zwei Minuten später und wie aus dem Nichts sind meine Augen dann unter die Seitentür gefallen, wo Ludger sein Drehzeug die ganze Zeit liegen hatte. Das habe ich halt vorher schon gesehen und dann aber weggefiltert und deshalb vergessen und als mein Bewusstsein dann danach gefragt hat, hat mein Unterbewusstsein es daran erinnert, dass die beiden den Tabak ja heute schon gesehen haben. Weißt du, was ich meine?", fragte die Prinzessin.

„Ja. Das eigene Bewusstsein ist der Filter. Ich bin der Filter."

„Ja, genau. Und den Filter, den wollen irgendwie alle knacken, um einfach mal alles, was um sie herum passiert, zeitgleich und ungefiltert wahrzunehmen. Und dazu muss man halt andere Sachen betäuben. Ich finde, das ist doch eine gute Erklärung dafür, dass wir das alles so machen, wie wir es machen, mit den Drogen. Oder nicht?"

„Vielleicht schalten wir den Körper an gezielten Stellen ja wirklich einfach nur aus, um uns auf das zu konzentrieren, was nicht unser Fleisch ist. Und um in Kontakt mit unserem Unterbewusstsein zu treten. So, als wäre das Unterbewusstsein ein in uns lebender Sekretär, zu dem wir versuchen einen Draht aufzubauen", sagte ich.

„Ja, stimmt. Mir geht es aber oft auch darum, bestimmte Erinnerungen oder Gedanken abzufragen, die mein Unterbewusstsein noch in irgendeiner Schublade liegen hat. Kennst du das? Oder manchmal geht es auch einfach darum, den Kopf frei zu bekommen. Ohne Kontakt mit dem Unterbewusstsein, dafür aber auch mit Funkstille zum Bewusstsein."

Wir verfielen immer weiter in unsere Keta-Lobeshymne und blendeten dabei völlig aus, was wir zuvor schon tausend Mal diskutiert hatten, denn nüchtern betrachtet war Ketamin einfach nur eine Mistdroge. Es war echt schwer zu dosieren. Manchmal merkte man einfach gar nichts und die Lösung dieses Problems war es, die Lines einfach immer größer und größer zu machen. Echt ätzend. Aber irgendwie auch geil. Wir gehörten bereitwillig zu den Menschen, die die Augen nicht mehr aufbekamen und dabei die Mundwinkel entweder ganz oben hatten, weil es so geil war, oder ganz weit unten hatten, weil wir so tief drin waren. Urlaub auf Keta. Jawollo.

Läuft. Dann schwebten wir auf einer Wolke und überhaupt gar nichts konnte uns passieren, so hoch wie wir waren. Unsere Körper waren leicht und beim Höhepunkt mussten wir uns setzen, wenn wir nicht sowieso gerade lagen, wie jetzt gerade. So wie es rein ging, ging es auch wieder raus. Eine Nase, eine Stunde. Und danach waren wir wieder total klar, egal was wir vorher hatten. Das war ein fairer Deal. Die Prinzessin schaute auf ihr Handy.

„Wie spät ist es?", fragte ich.

„Gleich sechs", sagte die Prinzessin. „Und mein Sekretär hat sich gerade gemeldet. Mein innerer Sekretär."

„Und was sagt er?"

„Schlafenszeit. Ich bin ein Prozent vor null."

„Gutes Personal hast du. Ich kann noch nicht schlafen."

„Macht ja nichts. Dauert bestimmt nicht mehr lange", sagte die Prinzessin. In Ihren Augen konnte man die

aufgestaute Müdigkeit erkennen, die jetzt hervorkam und dem Rausch dieser Nacht auch den letzten noch verbliebenen Platz in ihren Pupillen nahm.

„Hast du eigentlich noch Platz da drin? Deine Seele, dein Sekretär. Was ist denn da eigentlich alles in dir?", fragte ich.

„Vielleicht müsste ich umräumen, aber wenn ich etwas Schönes zum Reinstellen finde, dann würde ich es schon probieren", antwortete die Prinzessin.

„Also bei mir ist auf jeden Fall immer Platz für dich."

„Ja, ich weiß. Und, dass du einen festen Platz bei mir hast, das weißt du auch, oder?", sagte die Prinzessin und gab mir einen kurzen Kuss auf die Stirn. „Gute Nacht." Das war das erste Mal, dass sie mir einen Kuss gegeben hatte. Es fühlte sich aber so an, als wäre es etwas ganz Normales. Die Prinzessin nahm die Decke von ihren Beinen, legte sie auf meine und stand auf.

„Gute Nacht, Prinzessin. Schlaf gut."

Als die Prinzessin sich versichert hatte, alles bei sich zu haben, schaute sie noch einmal verträumt und müde in meine Richtung.

„Ich habe dich vermisst, die letzte Woche", sagte sie und lächelte dabei friedlich.

❋

Afterhour

Das erste Mal, dass die Prinzessin, Ludger und ich uns in einem Raum aufhielten, war nach einer Party im Winter vor etwas mehr als eineinhalb Jahren. In den alten Industriehallen, in denen anscheinend mal irgendwas gelagert wurde, was mit Erdbohrungen zu tun hatte, wurde regelmäßig gefeiert. In den letzten Jahren war hier eine Off-Location entstanden mit allem, was es brauchte. Gute Anlage, verschiedene Areas, benutzbare Toiletten, gutes Licht. Nicht das Nonplusultra, aber es war solide. Meiner Meinung nach brauchte es mehr Deko. Aber da gingen die Geschmäcker wohl auseinander. Je einzigartiger die Locations, desto besser die Partys. Am wichtigsten war eh immer das Publikum. Nette Menschen. Weltoffen. Freundlich. Ich selber war zum Auflegen da und weiß nicht mehr, wie Ludger und ich ins Gespräch kamen, wahrscheinlich über Heiko oder Franca, mit denen ich da war. Ich weiß nur noch, dass Ludger mir irgendwann einen kleinen Löffel unter die Nase hielt und fragte: „Möchtest du Keta?" Ich zog das Pulver, ohne weitere Nachfragen zu stellen. Was in den darauffolgenden acht Stunden passierte, vergaß ich so schnell, wie ich es erlebte. In jedem Fall war diese Nase nicht die letzte der Nacht.

Das Nächste, an was ich mich erinnern kann, war Ludger, der mit einem lässig zwischen Wange und Schulter eingeklemmten Miniaturregenschirm, welcher mit Lichtern, Stoffen und buntem Allerlei behangen war, an der Supermarktkasse stand. In jeder Hand hielt er jeweils eine jener großen Einkaufstaschen, die man hier kaufen konnte, wenn man seinen Jutebeutel zu Hause vergessen hatte oder eben dann, wenn man, wie wir gerade, direkt von der Party in den Supermarkt gekommen war. Darin enthalten waren bisher Bananen, Äpfel, Trauben, Zitronen, Mandarinen, Sekt, Saft, verschiedene Sorten Eistee, Toastbrot mit und ohne Körnern, Humus in drei unterschiedlichen Farben, Nüsse und Erdbeereis, Tabak, Filter, Blättchen, Longpapes, Aktivkohlefilter, eine Zeitschaltuhr, zwei Sonnenbrillen, Kaugummis und Gemüse, ganz viel Gemüse. Insgesamt irrten sechs Menschen aus unserer Clique durch den Supermarkt. Und das war wörtlich zu nehmen. Franca stand noch am

Käseregal und überlegte, wie viele der Afterhour-Gäste an einer Laktoseintoleranz leiden könnten. Heiko und Fabi liefen durch den Mittelgang und untersuchten die wöchentlich wechselnden Angebote wie beispielsweise Werkzeug auf Tauglichkeit und hinterfragten den Sinn einzelner Kinderspielzeuge. Es könnte auch sein, dass Heiko zu diesem Zeitpunkt schon gar nicht mehr bei uns war. Dafür dann aber Bruno. Bruno war seit einigen Wochen Heikos Alter Ego, wenn Heiko zu besoffen war. Bruno hatte wesentlich weniger positive Eigenschaften als Heiko. Er konnte sich weniger gut verständigen und weniger gut reagieren. Er kommunizierte nicht mehr viel mit Worten, dafür aber mit Lauten und Gesten. Bei Bruno waren wir uns nie sicher, ob er wach war oder mit offenen Augen schlief. Er war uns aber ans Herz gewachsen, weshalb wir immer auf ihn aufpassten. Theresa gab indes Pfand am Automaten zurück. Ich erwischte mich mit einer Tiefkühlpizza in der Hand vor der geöffneten Tiefkühltruhe, schmiss diese aber schnell wieder hinein und zog den Deckel mit einem kräftigen Schwung zu. Meine Sonnenbrille rutschte mir dabei zum gefühlt zehnten Mal von der Nase. Das gab mir die Gelegenheit, sie wieder zu richten und dabei cool zu gucken. Schließlich wollte ich nicht allzu verballert wirken, während die Rentnerin links neben mir gerade ihren Wochenendeinkauf machte. Als ich über die Kühltruhe zur Kasse schaute, sah ich, wie Ludger, dem Kassierer gegenüberstehend, unsere Einkäufe zur Abrechnung bereitlegte. Es war gar nicht schlimm, wie er es machte, da er keine Schlange verursachte, schlau war es so aber auch nicht. Ich dachte darüber nach, was der Kassierer wohl davon hielt, wie Ludger versuchte, alles schnell genug auf das Laufband zu legen, ohne sich Gedanken darüber zu machen, wie er die Einkäufe auf der anderen Seite der Kasse wieder einpacken könnte. Ohne zu zögern machte ich ein paar schnelle Schritte zur Kasse, um Ludger zu unterstützen. Auch ich konnte kaum schnell genug wieder einpacken, so wie Ludger nachlegte.

„Wir zahlen cash!“, sagte ich und holte die Gage der letzten Nacht aus meiner Hosentasche. Dreihundert Euro. Gar nicht schlecht, dafür, dass man die Wohnung verließ, in ein Taxi stieg, in den Club fuhr, sich betrank, zu Uhrzeit X hinters Pult ging, seinen Stick einsteckte, seine liebsten Tracks ineinander mischte, hier und da konsumierte und sich im Anschluss für das alles auch noch bejubeln ließ. Und die Gruppe von Freunden, die mich die Nacht über begleitet hatte, lud ich jetzt zum Dank zu mir nach Hause ein. Eine Verpflegung für zehn Leute, die einen Tag lang halten sollte, hatten wir jetzt auch. Unser Weg vom Supermarkt in meine Wohnung war nicht besonders weit. Die Straßen waren so gut wie leer und die Wintersonne wärmte unsere Gesichter, die in der Dunkelheit der Nacht sicherlich noch erfroren wären.

Die Prinzessin hingegen hatte die Nacht erkältet in meiner Wohnung verbracht. Ihrer Meinung nach war meine Wohnung schöner als ihre, wenn man krank war. Ich wusste nicht, ob das ein Kompliment war. In jedem Fall hatte ich aber mehr Streamingdienste abonniert als sie und meine Sofalandschaft im Wohnzimmer. Es war nicht so, als hätte sie mich fragen müssen, ob sie in meine Wohnung kommen dürfe. Sie hatte einen Schlüssel, sie hatte Dinge hier, sie bestimmte die Inhalte des Kühlschranks mit. Die Prinzessin hatte gerade gefrühstückt, als ich noch vor allen anderen zur Tür hereinkam.

„Guten Morgen“, sagte ich zu ihr, als sie in der Küche gerade einen Teller spülte.

„Guten Morgen. Na? Wie war die Nacht?“, fragte die Prinzessin. Sie sah müde aus. So, als hätte sie nicht viel geschlafen, obwohl sie es nötig gehabt hätte. Ihre Nase war rot. Ihre Augen tränten ein wenig.

„Du. Ich habe noch die Anderen dabei“, sagte ich leise und nüchtern und langsam und irgendwie wurde mir erst in diesem Moment klar, dass ich die Prinzessin damit wahrscheinlich ein wenig überforderte.

„Oh“, entfuhr es ihr. In ihrem Blick konnte ich klar erkennen, dass sie nicht darauf vorbereitet war, jetzt unter Menschen zu kommen. Die Prinzessin verschwand schnell im Badezimmer. Währenddessen machte sich die Afterhour-Gesellschaft im Wohnzimmer breit. Anfangs herrschte noch ein wenig Durcheinander. Es dauerte eine Weile, bis alle Getränke, Rauschmittel und Snacks verteilt waren und wir uns in einem großen Kreis unter Einbezug der Sofalandschaft versammelt hatten. Die Vorhänge waren zugezogen und das Licht nicht zu grell. Aus der Anlage summte leise irgendein Downtempo-Set.

Als die Prinzessin schließlich frisch gekämmt und sichtlich sortierter in Jogginghose und dickem Pullover in der Wohnzimmertür stand, konnte sie meines Erachtens nach mit einem einzigen Blick bestimmen, wer von uns welche Droge zu welcher Uhrzeit genommen hatte. Sie bemusterte einen nach dem anderen und ordnete jeden von uns einer gewissen Kategorie der Verballerung zu. Das strengte sie sichtlich an, half ihr aber bestimmt auch beim individuellen Umgang mit jedem von uns.

„Aber jetzt mal im Ernst, wozu brauchen wir das Nudelholz?", fragte Fabi, als er aus der Küche zurück ins Wohnzimmer wollte und auf einmal direkt neben der Prinzessin stand.

„Ich glaube, im Ernst brauchen wir das nicht", sagte sie und musste dabei gleichzeitig leise lachen und husten.

„Bist du noch immer krank, Prinzessin?", fragte Franca.

„Ich bin total kaputt. Ich habe die ganze Nacht wach gelegen. Meine Nase ist zu und meine Augen brennen die ganze Zeit."

Franca öffnete ihre Arme und die Prinzessin krabbelte in ihre Ecke des Sofas, um sich zu ihr unter die Decke zu legen.

„Du musst ganz viel Zitrone trinken. Haben wir mitgebracht", sagte Fabi. „Soll ich dir einen Tee machen? Ich habe voll Bock was zu machen."

„Ja, einen Tee!", sagte die Prinzessin und lächelte, während Franca ihr durch die Haare streichelte.

„Aber da kommt jetzt keiner mehr, oder?", fragte die Prinzessin.

„Nee. Wir bleiben jetzt unter uns", sagte Franca und drückte die Prinzessin ein bisschen.

„Gut. Ich kann gerade nämlich nicht so viele Menschen ertragen", flüsterte die Prinzessin so, dass es trotz ihrer leisen Stimme noch immer alle hören konnten.

„Wir kurbeln jetzt erstmal eine Gemeinschaftsmische", sagte Theresa und begann Gras und Tabak auf dem Tisch zu mischen.

„Okay, cool", sagte Fabi.

„Also das kannst zum Beispiel du machen, Fabi."

„Ja wie? Du wolltest das doch machen. Ich mache doch Tee. Und wo ist eigentlich dieser Ludger?", fragte Fabi.

„Ich erkläre dir deinen Job doch auch nicht. Sei nicht so kontraproduktiv, Fabi. Die Gruppe spricht zu dir. Hör zu, was die Gruppe dir zu sagen hat. Mische, Fabi. Mische", sagte Theresa.

Fabi schaute Theresa wie hypnotisiert in die Augen. Dann drehte er seinen Kopf und schaute die Prinzessin an, welche gerade damit beschäftigt war ein Kissen so unter ihrem Kopf zu platzieren, dass es bequem war. „Wer ist denn Ludger?", fragte sie, als sie sich eingerichtet hatte.

„Mische, Fabi", sagte Theresa.

Fabi schaute wieder zu Theresa.

„So ein Typ. Wusstet ihr, dass die Sumerer ein tolles Volk waren?", fragte Franca und Fabi schaute wieder in die andere Seite des Raums. „Das habe ich gestern in einer Doku gesehen. Die haben die Keilschrift erfunden."

Fabi war sichtlich verwirrt und warf schließlich mit einem Aktivkohlefilter nach Theresa.

„Du bist so scheiße, Fabi", lachte sie.

Franca erzählte weiter. „Die haben auch die Bewässerungssysteme erfunden. Die waren sogar die Ersten, die quasi die Bürokratie erfunden haben, weil die so ein Abgabensystem erfunden haben und das dann einigermaßen gerecht versucht haben, aufzuteilen und immer geguckt haben, wer wie viel in den was weiß ich, ich sage jetzt mal Palast oder was die hatten, gegeben hat. Tolle, tolle Leute. Irak. Nordsyrien. Euphrat-Tigris-Gebiet. Das sind zwei Flüsse."

„Nice", sagte Fabi, „Ich mache jetzt mal einen Tee."

„Geil", sagte Theresa. „Dann mache ich die Mische."

Fabi stand auf und griff nach einer Flasche. „Wer hat ein Feuerzeug?"

„Wann haben die denn gelebt, die Sumerer?", fragte Bruno so langsam, dass man es ohne Nachfrage verstehen konnte.

„Das war dreitausend vor Christus und die Sumerer:innen" betonte Franca die für sie gerade so wichtigen gendergerechten Formulierungen „waren nicht nur die Erfinder:innen der Keilschrift und der ersten Bewässerungssysteme, sondern auch noch feministisch!"

„Krass", sagte Bruno.

„Ja, mega", sagte Franca. „Ich hätte Bock zu kochen", sagte sie danach und schaute die Prinzessin dabei an. Diese lehnte sich vor, sodass Franca aufstehen konnte.

„Ich hätte Bock zu ballern", sagte ich und öffnete meine Brusttasche. Dann legte ich mein Döschen mit Ketamin auf den Tisch, dazu eine Gutscheinkarte, die ich ohne Guthaben aus dem Supermarkt mitgenommen hatte und mein Handy.

„Sehr gut", sagte Heiko, der von diesem Anblick wohl wieder motiviert worden war, den Bruno in sich bei Seite zu schieben.

„Ja, Mann", sagte Theresa. Ich zählte und legte Lines für alle, die sich meldeten.

„Aber wenn schon Kapitalismus, dann vegetarisch!", rief Franca, als sie das Wohnzimmer in Richtung Küche verließ. Das Downtempo-Set dudelte mit einer verträumten Harmonie durch das Wohnzimmer.

„Was sagen eigentlich Menschen, die cheesy Musik nicht als cheesy empfinden?", fragte ich, als ich Theresa das Handy reichte.

„Voll schön", antwortete die Prinzessin.

„Ach ja, richtig. Und ist *mega* eigentlich auch so ein Begriff?", fragte ich.

„Nee. Mega ist mega", sagte die Prinzessin.

„Sowieso", sagte Fabi.

„Mega ist das neue sowieso", sagte Theresa.

„Sowieso", sagte ich, „brauchst du eigentlich noch Feuer, Fabi?"

„Wofür denn?"

„Wolltest du nicht kiffen?"

„Also, ich wollte Mische machen", sagte Theresa.

„Nee, ich wollte Mische machen", sagte Fabi.

„Mega", sagte Theresa.

„Gib mir mal die Mate", sagte ich in dem Wissen, dass ich daraus trinken wollte, wenn ich meine Line gezogen hatte. Theresa zog ihre und Fabi übergab mir seine Flasche, bevor er dafür im Wechsel mein Handy von Theresa übernahm. Theresa zog alles, was inzwischen in ihrer Nase war mit einem angeekelten Blick nach oben.

„Ekelhaft", flüsterte die Prinzessin vor sich hin. Ich hatte das Gefühl, der Einzige zu sein, der das wahrnahm. Fabi nahm Theresa das Ziehrohr aus der Hand und beugte sich über das Handy, das jetzt auf seinen Knien lag.

„Ludger hat dir geschrieben, Gregor. Steht auf deinem Display", sagte er.

„Ey, habt ihr nur ein Röhrchen oder was?", fragte die Prinzessin, als Fabi seinen Kopf gerade wieder anhob. Es pulverte noch ein wenig aus seiner Nase. Sofort danach griff er nach der Flasche in meiner Hand. Erst nach einem großen Schluck konnte er der Prinzessin antworten.

„Ich hatte jetzt einfach kein eigenes."

„Hast du das denn umgedreht?", fragte Theresa.

„Ja klar habe ich das umgedreht", antwortete er.

„Das ist voll dämlich, echt. Voll unnötig", sagte die Prinzessin sichtbar genervt, mehr aber noch, vor allen Dingen angeekelt. Normalerweise hatte hier jeder sein eigenes Röhrchen oder einen Strohhalm, sodass niemand hier in die Nase stecken musste, was andere dort schon gehabt haben könnten.

„Ich habe mein eigenes", sagte Heiko, „Hatte ich schon immer. Darf auch keiner dran."

„So. So macht man das nämlich auch", sagte die Prinzessin und auf einmal wurde klar, wie unterschiedlich die Wahrnehmungen aller hier im Raum waren. Die der Prinzessin, die erkältet auf der Couch lag und nüchtern Erholung suchte, und unsere, die wir einen intensiven Abend in unserer Gruppe zu Ende gehen lassen und mit der Afterhour in den nächsten Tag starten wollten.

„Wir sind doch hier bei Gregor zu Hause. Da gibt es doch Strohhalme in der Küche", sagte die Prinzessin zu Fabi, dem es sichtlich schwerfiel, auf den Vorwurf der Prinzessin einzugehen. Wir konnten uns so viel Mühe geben, wie wir wollten, wir schafften es einfach nicht mehr, auf einem Level zu agieren, sodass Unbeteiligte und Außenstehende wie die Prinzessin unser Treiben schmerzfrei betrachten, geschweige denn darin involviert werden konnten. Die Prinzessin sah uns und unsere Verdummung vor sich und dabei sicherlich auch ein Stück von sich selbst, denn wäre sie gesund gewesen, wäre sie auf jeden Fall mit uns Feiern gegangen. Sie hätte aktiv in dieser Runde gesessen und hätte genauso auf Dinge wie ein eigenes Ziehrohr verzichtet, wie wir alle.

„Nee. Ich habe auch kein eigenes Röhrchen", sagte ich, als die Prinzessin mir lange genug in die Augen geschaut hatte, um mir ihre Frage zu vermitteln.

„Ihr seid so blöd." Die Prinzessin warf die Decke, unter der sie lag, von sich und stapfte in die Küche. Ich legte das Handy auf den Wohnzimmertisch und gab mir Mühe, ihr so schnell wie möglich zu folgen. Dabei konnte ich es gerade noch vermeiden, die Stehlampe an der Wohnzimmertür umzuschmeißen. In der Küche angekommen, kramte die Prinzessin gerade in den Schränken.

„Was ist denn los?", fragte ich.

„Ich bin krank. Ich brauche einen Tee", sagte die Prinzessin. „Und du hast keinen Ingwer mehr", stellte sie fest. Franca stand zwischen uns und schnitt ein paar Lauchzwiebeln.

„Ich hätte welchen mitgebracht. Wir waren noch einkaufen eben", sagte ich.

„Ja, das habe ich gesehen. Wozu brauchst du drei Netze Mandarinen?", fragte die Prinzessin, während sie weiterhin wahllos die Schubladen öffnete, darin kramte, sie wieder schloss und zum nächsten Fach der Küche überging. „Und woher soll ich wissen, dass ihr noch einkaufen geht? Du hast ja nicht mal Bescheid gesagt, dass ihr kommt oder, dass du kommst. Ihr wart einfach irgendwann da. Ja danke. Danke für nichts."

„Hier stimmt was nicht", sagte Franca und schnitt dabei immer langsamer.

„Ich bin einfach genervt", sagte die Prinzessin. „Das ist mir zu blöd da drinnen und ich kann aber nicht weg, irgendwie." Die Prinzessin kramte weiter in den Küchenschubladen.

„Was suchst du denn da?", fragte ich verwirrt.

„Das weiß ich doch auch nicht!", schrie sie auf einmal ungehalten durch die Küche, woraufhin Franca das Schneiden unterbrach und wir alle erst ein paar Mal durchatmen mussten. Im Wohnzimmer musste man den Schrei genauso gehört haben, wie vielleicht sogar bei den Nachbarn. Franca fing erst dann wieder langsam an zu schneiden, als die Prinzessin den Wasserkocher auffüllte und ihn in seine Halterung knallte. So wütend hatte ich die Prinzessin noch nicht erlebt.

„Wir lassen einfach keinen mehr rein", versuchte ich die Prinzessin zu beruhigen.

„Wieso denn *rein*?", antwortete sie ernst. Ihre Stimme quietschte und es hörte sich so an, als hätte ihr das Sprechen gerade weh getan. „*Raus* viel eher", rief sie und klang dabei auf einmal sehr traurig.

Sie drehte sich zur Küchenzeile, stützte sich mit den Händen auf der Arbeitsplatte ab und pustete sich genervt ein paar Haare aus dem Gesicht. Sofort fielen diese aber wieder zurück und die Prinzessin schaute genervt in Richtung ihrer Frisur und pustete ein weiteres Mal. Ich mochte ihre Haare, vor allen Dingen dann, wenn sich die Prinzessin keine Mühe damit machte und sie einfach offen und ungekämmt waren so wie heute. In diesem Moment bereute ich, die

Lines gelegt zu haben. Ich bereute, unsere Freunde mit nach Hause gebracht zu haben und ich bereute auch ein wenig, nach meinem Gig nicht einfach nach Hause gegangen zu sein. Das hätte ich auf jeden Fall anders machen können. Ich wünschte mir, ich hätte die Prinzessin heute Nacht auf der Couch verpflegen können. Wir hätten einen Film schauen und uns über die nicht logischen Drehungen und Wendungen in der Story lustig machen können. Irgendeine Quatschkomödie ohne viel Anspruch, einfach nur, damit was läuft. Vielleicht hätten wir uns eine Decke geteilt, so wie sie und Franca es eben noch getan hatten, vielleicht, vielleicht. Stattdessen standen die Prinzessin und ich uns auf der einen Seite genervt und auf der anderen Seite hilflos gegenüber und wussten die Situation nicht zu lösen. Franca war mit Sicherheit aus Absicht zwischen uns stehengeblieben und schaffte damit nicht nur einen räumlichen, sondern auch einen emotionalen Puffer. Mein Herz pochte. Irgendeine Restwirkung der Nacht triggerte das gerade in mir. Ich hing in irgendwelchen Zuständen fest und war mir nicht mehr sicher, ob ich die Nase gerade schon gezogen hatte oder ob sie noch auf dem Handy lag. Meine Hände wurden feucht und meine Lippen trocken. Ich konnte spüren, wie meine Zunge anfing, in meinem Mundraum an jeder Seite kleben zu bleiben.

Es klingelte an der Tür. Franca legte das Messer neben das Schneidebrett. „Wenn ich wiederkomme, liegt das Messer noch genau da" sagte sie und verließ den Raum.

Irgendwie war gerade die Zeit stehen geblieben. Es kam mir ein bisschen so vor wie bei einem Duell. Alle hielten den Atem an, um zu sehen, was als Nächstes passierte. Ich dachte darüber nach, ob die Prinzessin sich auch gewünscht hätte, dass ich die Nacht hier verbracht hätte, zumindest in der Zeit, in der ich nicht auf der Party oder auf dem Weg dorthin oder von dort hierher gewesen wäre. Ich fragte mich, ob sie sich für einen Film hätte entscheiden können, oder ob ich ihn hätte aussuchen müssen.

„Kann ich dir eine Frage beantworten?", fragte sie mich. Und so, wie sie die Frage gestellt hatte, verstand man sie nur dann richtig, wenn man die Prinzessin war oder ich. Mir lief ein kalter Schauer über den Rücken. Ich war mir sicher, dass das die Kälte war, die gerade noch in der Stimme der Prinzessin gelegen hatte. Allerdings war ich mir auch darüber im Klaren, dass die Prinzessin ihre Frage ernst meinte und mir gerade anbot dabei zu helfen, die Situation zu lösen.

„Bist du sauer auf mich?“, fragte ich.

„Ja“, antwortete sie.

„Und warum?“

„Weil du dich nicht auf mich einlassen kannst.“

„Warum?“

„Weil du entweder empathisch unfähig oder ignorant bist.“

„Das verstehe ich nicht.“

„Weil du überhaupt nicht siehst, was ich brauche.“

„Doch. Du brauchst Schlaf und Ruhe.“

„Genau.“

„Siehst du, ich sehe das.“

Es klingelte ein weiteres Mal an der Tür.

„Ja“, sagte die Prinzessin in einem fast schon resignierenden Ton.

„Und jetzt?“, fragte ich.

„Warum siehst du, was ich brauche und tust dann das Gegenteil von dem, was ich brauche?“ Die Prinzessin schaute mich einerseits enttäuscht, andererseits fordernd an.

„Warum pennst du denn hier und nicht bei dir? Du weißt doch, wie das ist, wenn man in den Lagerhallen spielt. Da geht immer noch was danach. Das ist bei dir doch genauso.“

„Ja. Ich weiß“, sagte die Prinzessin und fasste sich an ihr Nasenpiercing. „Und es ist ja auch deine Wohnung. Du kannst machen was du willst.“

Franca war inzwischen zur Wohnungstür gegangen und hatte den Türöffner gedrückt. Die Prinzessin schaute auf den Boden. Ich glaubte, dass sie ein gutes Gespür dafür hatte, wann man nicht mehr weiterreden sollte. Wenn sie mir die Entscheidung abnahm, ob einem Gespräch noch etwas hinzuzufügen war oder nicht, war ich ihr meistens dankbar dafür. Jetzt gab es nichts mehr zu sagen. Die Situation war vorbei und sie war schlecht ausgegangen. Ich hörte, wie jemand durch den Hausflur in meine Wohnung spazierte.

„Sorry. Hab mich verlaufen“, sagte Ludger, als er schließlich in meinem Flur stand.

*

Regen

Regen auf einem Festival ist schon immer eine schlechte Sache. Er bringt sehr viel durcheinander und sorgt für Unannehmlichkeiten auf allen Seiten. Aus Sicht der Veranstaltenden ist Regen wahrscheinlich am schlimmsten. Er gefährdet den Timetable und die Spielzeiten von Künstlern, die bezahlt werden mussten. Auftritte müssen verschoben oder gekürzt oder abgesagt werden.

Regen kann aber auch zu schönen Erlebnissen führen. In der tiefdunklen Nacht mit hunderten anderen Menschen gemeinsam unter einer riesigen Regenplane zu tanzen, die nur über den Köpfen der Menschen blieb, weil diese die Plane mit ihren Händen in die Höhe hielten, das hatte schon was. Wie Kinder durch Pfützen zu springen und sich dabei keine Gedanken zu machen, ob man sich erkältete, das war toll. Romantisch im Camper zu liegen, wenn der Regen aufs Dach prasselte, das war wirklich schön.

Ich bemerkte den Regen, da war es gerade kurz nach acht Uhr am Morgen. Die letzten zwei Stunden hatte ich im Halbschlaf verbracht. Auf dem Dach des Campers konnte ich das leichte Nieseln die ganze Zeit schon hören. Als ich das nächste Mal um kurz vor zwölf aufwachte, war alles unverändert. Nach einigen Minuten wachte auch Ludger auf. Zu reden war nicht nötig. Erstens waren wir beide verkatert und zweitens war die Geräuschkulisse, die wir wahrnahmen, eben schön. Das leise Nieseln auf dem Dach und von irgendwo weiter weg hörte man, dass der Trance-Floor noch immer in Betrieb war. Die anderen Floors hatten um diese Zeit eine Spielpause eingelegt. Ab und zu gingen Menschen an unserem Camper vorbei. Wir hörten dann immer nur ein paar Wortfetzen der Gespräche. Ludger drehte das Fenster an der Rückbank etwas herunter. Frische Luft kam rein, nicht zu kalt. Ich setzte mich auf, rieb mir die Augen und schaute Ludger müde dabei zu, wie er sich eine Zigarette drehte und am Fenster rauchte. Es nieselte gerade so wenig, dass es im Camper nicht nass wurde, obwohl das Fenster halb geöffnet war. Ein paar Momente verflogen, da drehte sich auch die Prinzessin um und schaute uns beide an.

„Guten Morgen“, flüsterte sie leise und gähnte. Sie machte ihre Augen wieder zu. „Ich schlafe noch ein bisschen, okay?“ Eine Decke hatte sie sich bis ins Gesicht gezogen.

„Soll ich mal einen Kaffee machen?“, flüsterte ich genauso leise wie sie in Ludgers Richtung.

Ludger warf mir einen bestätigenden Blick zu.

„Mmjaaahh“, flüsterte die Prinzessin, die sich im Schlaf nach und nach in drei verschiedene weitere Lagen eingewickelt hatte. Nur ihr blonder Haarschopf und ihre verschlafenen Augen schauten aus dem Knäuel an Decken heraus. Decken hatten wir hier wirklich reichlich, denn der hintere Bereich des Campers war eigentlich nur ein einziges großes Bett. Doch wenn man nur ein paar der Kissen und Decken in den Fächern in den Wänden, im Boden oder in der Decke verschwinden ließ, wurde mit wenigen Handgriffen daraus unser Wohnzimmer. Während die Prinzessin also weiterhin in ihrem Bett lag, stellten Ludger und ich da, wo wir geschlafen hatten, einen kleinen Tisch mittig auf die Matratze, räumten die restlichen Kissen aus dem Weg und hatten schnell eine kleine Sitzecke eingerichtet. Als Ludger mir die Aufgabe des Kaffeekochens abnahm, wohl weil es ihm nicht schnell genug ging, machte ich mich daran, einen Joint zu bauen.

„Wie lange warst du denn noch unterwegs?“, fragte die Prinzessin leise, als Ludger anfing, mit den Kaffeetassen zu klimpern.

„Nicht mehr lange“, antwortete ich. „Ich bin eigentlich ziemlich direkt nach dir ins Bett gegangen. Halbe Stunde später vielleicht. Da hast du aber schon tief geschlafen.“

„Wie ein Stein.“ Die Prinzessin musste lachen. „Also so tief, weißt du?“ Sie rieb sich ihre Augen und so langsam konnte man erkennen, dass auch sie munterer und aktiver wurde.

„Ja.“ Auch ich musste lachen, obwohl sich in mir vieles gar nicht nach Lächeln anfühlte. Zum ersten Mal seit langer Zeit hatte ich wieder einen Muskelkater in den Oberschenkeln und meine Schultern fühlten sich verspannter an als je zuvor. Auch Ludger wirkte kaputt von der Nacht. Und ich konnte jeden seiner leidigen Blicke nachempfinden.

Mit dem ersten Kaffee des Tages ging dann auch die erste Tüte einher. Der Grund dafür, dass wir uns so schnell auf das Kiffen als ersten Programmpunkt des Tages einigen konnten, war sicherlich auch der Regen, der langsam aber bedächtig immer stärker wurde. Jetzt mussten wir alle gezielt bis an den oberen Fensterrahmen gehen, um beim Rauchen aus dem Camper hinaus zu pusten. Prinzessin van Mayer holte Zahnbürste und Pasta aus ihrem Kulturbeutel und begann, sich die Zähne zu putzen. Dabei schaute sie aus dem Fenster in der linken hinteren Tür, wo sie beobachten konnte, wie einige Menschen in ihre Zelte flüchteten und ihre Sachen in Sicherheit brachten. Der Regen wurde nun zu einem richtigen Guss. Viele Menschen schrien auf der Flucht herum, weil sie so nass wurden. Manche fanden ihr Zelt nicht. Es brach ein kleines Chaos aus. Der Regen donnerte inzwischen richtig heftig auf das Dach. Selbst vom Trance-Floor hörte man irgendwann keinen Bass mehr. Ob die Musik wegen des Regens abgeschaltet worden war, wussten wir nicht. Beim Blick aus dem Fenster schien dies durchaus realistisch zu sein. Prinzessin van Mayer schluckte Zahnpasta und Spucke in einem großen Schluck herunter, um nicht bis ans Fenster krabbeln zu müssen. Die Scheiben beschlugen jetzt noch mehr als ohnehin schon. Immer wieder wischte die Prinzessin das Fenster frei, um sehen zu können, was sich draußen abspielte.

Als der Schauer dann endlich nach zwanzig Minuten etwas nachließ, wurde es still auf dem Campingplatz.

„Hoffentlich hört das bis Sonntag wieder auf", sagte ich leise und mehr zu mir selbst als zu den anderen.

„Ja, das geht weg", erklärte die Prinzessin.

„Aber hoffentlich früh genug. Vor, nach oder im Regen zu spielen ist doch scheiße."

„Ja. Bleib mal ruhig. Das wird schon. Deshalb spielst du ja mit mir zusammen."

„Und das heißt was?"

„Das heißt, dass das ein guter Gig wird. Gigs mit mir sind immer gut. Deswegen spiele ich auch immer Peak Time, weißt du? Das ist besser als die Zeiten, die du immer alleine spielst. Bei der Peak Time sind nämlich immer mehr Leute da." Die Prinzessin wollte mich ärgern. Sie tat das oft, wenn ich noch nicht richtig wach war, weil sie wusste, dass ich dann auf ihre liebgemeinten Gemeinheiten nicht schlagfertig reagieren konnte. Sie kannte meine Schwächen. Verschlafen zu sein war eine meiner größten. Sie konnte auf eine sehr sympathische Art schrecklich gemein sein.

„Außerdem haben die Leute meistens nur noch mehr Bock, wenn es vorher geregnet hat. Na ja, zumindest dann, wenn es nicht matschig oder eklig ist", erklärte die Prinzessin weiter.

Ludger kurbelte währenddessen die Scheibe, an der er noch immer saß, weiter nach unten. Nachdem die Welt da draußen gerade ein bisschen untergegangen war, ließ der Regen nun weiter nach und ich überlegte, was ein Sporttrainer jetzt sagen würde, um uns zu motivieren. Die Mannschaft hatte heute in jedem Fall unter erschwerten Umständen zu spielen. Unwetter waren ja in so ziemlich jeder Sportart ein Hindernis. So auch in unserer. Auf einmal rief die Prinzessin laut durch den Camper.

„Hallo! Festival! Gute Laune! Hallo! Aufwachen!"

„Boah, hör auf mit der Scheiße, jetzt", sagte Ludger angewidert von der Stimmungsexplosion, die ihm da entgegengeflogen kam, während er den Gaskocher für den Kaffee auf unserem kleinen Frühstückstisch festhielt, damit er durch den Motivationsruf der Prinzessin und die damit verbundenen Erschütterungen nicht umfiel. Wäre man auf der Suche nach einem Meme für Ablehnung gewesen, hätte man nur sehen müssen, wie Ludger in diesem Moment schaute. Das Meme wäre sicherlich viral gegangen.

„Hey Ludger, hier drinnen befindet sich ein Hamster. Finde ihn", sagte die Prinzessin und blies ihre Backen auf. Ludger musste lachen. „Nix da. So fangen wir den Tag gar nicht erst an. Tüte weg, Gregor", sagte die Prinzessin, noch wesentlich motivierter. Im selben Moment griff sie nach der Bluetooth-Box aus dem Netz, das an der Decke über ihr hing, machte sie an und startete ein Downtempo-Set. Nun, da sie aufrecht saß, lagen die Decken, in die sie eben noch eingewickelt war, auf einmal komplett um sie herum, sodass sie im Schneidersitz sitzend, eher wie eine Art Wahrsagerin aussah. Nur ihr weißes T-Shirt erinnerte daran, dass sie die Zukunft wohl doch nicht voraussagen konnte. Ihre Haare standen in alle Richtungen, ihre Augen waren noch immer ein wenig verschlafen, aber ihre Lippen konnten schon wieder lächeln und steckten erst mich, kurz darauf dann aber auch Ludger an.

„Okay, da müssen wir was machen", fuhr die Prinzessin fort, als müsse sie jetzt wirklich etwas machen, weil sie sich sonst ernsthaft sorgen würde. Sie kramte nach ihrer kleinen Drogentasche, schmiss den Inhalt in unsere Mitte und rief ein weiteres Mal:

„Hallo! Festival! Stimmung! Könnt ihr euch jetzt überlegen: Emma oder Keta."

„Emma", sagte Ludger entschlossen als Erster, während er starr auf unsere Drogenkollektion schaute.

„Definitiv Emma. Und Sekt", bestätigte ich.

Die Prinzessin öffnete die Kühlbox, die inzwischen kaum noch kühlte und holte eine Flasche Sekt heraus. Ich griff nach drei Trinkbechern aus dem Netz an der Decke. Als der Sekt eingeschenkt war, schnappte Ludger sich das Baggy mit dem Pulver und dippte als Erster. Die Prinzessin und ich dippten danach. Der Sekt half nicht nur, den Geschmack des MDMA zu überdecken, er war auch perfekt, um nach einer durchfeierten Nacht in den nächsten Tag zu starten.

„Okay, also jeder erzählt jetzt mal was", sagte die Prinzessin. „Ludger, du fängst an."

„Was soll ich denn jetzt erzählen?"

„Weiß ich auch nicht. Aber erzähl doch mal was. Gregor und ich kennen uns zu gut. Du musst anfangen."

„Boah, was soll ich denn erzählen?"

Die Prinzessin schaute kurz nach unten und nahm ihre Hand erst zum Mund und spielte dann kurz an ihrem Piercing rum. Dann hob sie schnell wieder den Kopf.

„Okay, also ich fang an. Also, ich hatte mal was mit einem, das war so ein richtiger Spinner und irgendwie war klar, dass das nur so für den Abend ist. Wir haben ein bisschen rumgemacht und dann hat er mir erzählt, dass er eine Freundin hat. Danach."

„Arschloch", sagte Ludger nüchtern und trank von seinem Sekt.

„Ja, voll. Geht gar nicht. Habe ich ihm auch gesagt. Aber er fand das nicht schlimm. Konnte ich mir damals gar nicht vorstellen, dass man das gut finden kann. Und selbst wenn, warum erzählt er mir das dann danach? Davor wäre ja noch nachvollziehbar, aber danach? Welchen Sinn soll das denn haben?"

„Aber jetzt schon?", fragte Ludger.

„Aber jetzt schon was?", fragte die Prinzessin zurück.

„Aber jetzt schon du dir kannst vorstellen, dass man das sehen kann so?"

„Nee, ach keine Ahnung. In der Situation bin ich ja eh nicht."

„Das ist keiner hier", warf ich ein.

„Aber das mit dem danach erzählen, das verstehe ich am

wenigsten. Nee, zum Glück bin ich nicht in so einer Situation", sagte die Prinzessin und schaute wieder auf den Boden. Ein Moment der Stille entstand in unserer Mitte und wurde größer und größer. Nachdem die Prinzessin ihren Becher bis zur Hälfte ausgetrunken hatte, fuhr sie endlich fort: „Okay, jetzt du, Ludger."

„Boah, weiß ich auch nicht."

„Irgendeine Geschichte, in der man was über dich erfährt", sagte die Prinzessin. Ludger schaute aus dem Fenster. Es regnete noch immer leicht.

„Na gut. Also, ich war mal in ein Mädchen verliebt und hab das gar nicht gemerkt", sagte Ludger trocken. Der Moment der Stille war wieder da.

Die Prinzessin trank noch einmal, um noch halb in den Becher sprechend zu fragen: „Wie geht das denn? Woher weißt du denn jetzt, dass du verliebt warst?"

„Das ist mir erst klar geworden, als sie eine Beziehung hatte."

„Ach so, verstehe", sagte die Prinzessin und legte ein paar Falten in ihre Stirn. Ludger schaute jetzt wieder zu ihr.

„Ey, das ist jetzt gar nicht schlimm, oder so. Sollte gar kein Downer sein. Ist mir nur als erstes eingefallen. Sie ist inzwischen verheiratet und lebt auf dem Land. Classic. Aber alles gut", erklärte Ludger.

„Und du, Gregor?", fragte die Prinzessin wieder mit einem Lächeln auf den Lippen.

„Ich weiß auch nicht. Warum sind wir denn so in der Partnerschaftskiste drin?"

„Du kannst ja auch von deinem Haustier erzählen, wenn du willst. Aber eigentlich musst du jetzt mit einsteigen", antwortete die Prinzessin.

„Ja komm. Ich habe auch einen rausgehauen", steuerte Ludger bei.

„Ja, was heißt denn raushauen, jetzt?", fragte ich.

Die Prinzessin erklärte: „Also du überlegst dir jetzt eine echte Geschichte aus deinem Leben, die auch gerne was mit einer Frau zu tun haben kann, wenn du willst, aber die auf jeden Fall stimmt und dann überlegst du dir, ob Ludger und ich die Geschichte hören sollten."

Ich hatte überhaupt keine Lust, eine Geschichte zu erzählen, aber das Nachdenken konnte ich jetzt auch nicht mehr abstellen. Also erzählte ich die erste Geschichte, die mir einfiel und auch die einzige Geschichte war, die in den letzten Jahren bei mir etwas mit Frauen zu tun hatte und von Interesse hätte sein können, und die mit den anderen hätte mithalten können.

„Also, das letzte Mal, dass ich so richtig verliebt war, das ist jetzt schon etwas her“, eröffnete ich.

„Redest du von mir?“, unterbrach mich die Prinzessin sofort. Ich war verwundert. Ich erkannte erst viel zu spät, dass die Prinzessin ironisch gefragt hatte. Dann konnte ich den Gag erst parieren.

„In dich bin ich ja heute noch verliebt. Das meine ich nicht.“ Ich schaute der Prinzessin in die Augen und war stolz darauf, sie verwirrt zu haben, das konnte jetzt nämlich jeder hier erkennen.

„Ihr seid beide doof“, sagte Ludger.

„Naja, auf jeden Fall war ich so richtig, richtig verliebt und ich habe es einfach nicht hinbekommen ihr das zu sagen“.

Ein weiterer Moment der Stille verging.

„Also, da war auch irgendwann einfach keine Gelegenheit mehr. Das habe ich verkackt“, fuhr ich fort. „Und ein paar Wochen später, da war ich auf einer Open-Air.“

„Welche Open-Air war das?“, fragte die Prinzessin.

„Da spielt doch gar keine Rolle“, antwortete ich schnell.

„Manno!“, ärgerte sich die Prinzessin.

„Und dann war sie auf einmal weg.“

Ludger schaute aus dem Fenster und die Prinzessin wartete anscheinend auf eine Pointe.

„Da kommt keine Pointe mehr“, sagte ich, „Geschichte zu Ende.“

„Du bist so ein Blödmann“, sagte die Prinzessin, sichtbar nur halb im Ernst, dafür aber auch nur halb im Spaß.

„Warum denn?“, fragte ich und fing an zu schmunzeln.

Die Prinzessin fing an zu lachen. „Weil du hier voll den Stimmungskiller auf den Tisch gehauen hast, Alter.“

„Selber, Alter.“

„Ja und, Diggi? Ist doch so. Kannst du echt nicht bringen.“

„Aber ist doch wie bei Ludger. Alles easy heute.“

„Ja trotzdem.“ Die Prinzessin machte eine kurze Pause und schaute auf den Boden. „Das war keine schöne Geschichte.“

Ich merkte, wie das MDMA sich nach und nach in meinem Kopf breitmachte und auch der Prinzessin sah man an, dass sie gerade etwas empfangen hatte. Ludger schaute noch immer verträumt aus dem Fenster. Der Regen war inzwischen kein Regen mehr, sondern bestand nur noch aus einzelnen dicken Tropfen, die hier und da herunterfielen. Die Sonne war wieder zu erahnen, auch wenn sie es noch nicht durch die Wolkendecke hindurch geschafft hatte. Der Himmel wurde heller.

„Ihr Lieben, ich geh jetzt mal eine Runde übers Festival", sagte Ludger. „Ich habe Bock, endlich mal hier rauszukommen."

„Bock habe ich auch, aber ich merk gerade was", sagte ich.

„Hhjau", bestätigte die Prinzessin und legte sich wieder auf die Seite.

„Ja, ich auch. Deswegen will ich ja raus", sagte Ludger.

„Ich dipp jetzt erst nochmal", flüsterte die Prinzessin und schaute mich an.

Mit meinem Blick gab ich erst der Prinzessin und dann Ludger zu verstehen, dass ich mich ihr anschließen würde. Nachdem Ludger sich verabschiedet und die Prinzessin und ich noch einmal gedippt hatten, legten wir uns nebeneinander und schwiegen eine Zeit lang. Die Stille, die jetzt zwischen uns herrschte, war nicht unangenehm. Sie war einfach da. Wir kamen gerade auf diese Wolke, die man erst bei einer höheren und länger anhaltenderen Dosierung von MDMA erreichte. Wenn man den Kater vom Vortag mit noch mehr Drogen verdrängte und der schlechten Laune somit gar keine Gelegenheit gab, aufzukommen. Alles war weich und alle Farben waren warm. Die Prinzessin starrte an die Decke und ich schaute sie an. Dann legte ich mich neben sie.

„Schön", sagte die Prinzessin und schloss ihre Augen.

„Ja. Sehr schön", sagte ich. „Ich bin total zufrieden."

Die Prinzessin atmete tief ein und wieder aus. Meine Augen wurden schwerer, aber noch konnte ich beobachten, wie sich ihr Gesicht entspannte und sie immer weiter in ihren Gedanken versank.

„Zufriedenheit ist gut. Darum geht es doch. Gerade dann, wenn du was nimmst. Drogen spülen innere Konflikte nach oben, wenn du nicht mit dir selbst im Reinen bist", sagte sie. Ich überlegte, ob sie mich damit dazu bringen wollte, über meine inneren Konflikte zu sprechen. Aber ich ging nicht darauf ein. Das war weder der richtige Zeitpunkt noch der richtige Ort. Ich überlegte zudem, ob die Prinzessin die Richtige war, um darüber zu sprechen. Ich überlegte weiter, was sie von meinen inneren Konflikten halten würde und wie lange wir uns darüber unterhalten konnten, bis sie zum ersten Mal in meinen Erzählungen vorkommen würde. Das eine könnte zum anderen führen. Und das war jetzt gerade einfach nicht die Zeit dafür. Ich gab mich viel lieber dem warmen Körpergefühl hin, das gerade alles in mir übernahm. „Nur wenn du keine Konflikte mit dir rumträgst, kannst du dich auch zufrieden fühlen", sagte die Prinzessin.

„Meinst du?", fragte ich.

„Ja. Es geht darum, zufrieden zu sein und im Reinen mit sich. Es geht um Liebe, Gregor. Die Liebe zu sich selbst."

„Ja, das stimmt. Und die Liebe zur Musik. Die Liebe zu Menschen. Die Liebe zum Leben", sagte ich und erst jetzt schloss auch ich meine Augen.

Die Prinzessin redete jetzt ganz leise. „Die Liebe zum Feiern. Die Liebe zu den Drogen. Die Liebe zur Natur. Die Liebe zur Spontanität. Die Liebe zum Ja-Sagen. Die Liebe zueinander. Die Liebe zur Liebe. Am Ende hat alles, was passiert mit Liebe zu tun. Am Ende zählen das Erlebnis und die gute Zeit."

„Ja, da hast du recht."

Ich zog eine Decke von der Seite über uns.

„Ich finde es geht darum, diese kleine Welt zu erschaffen, diese Utopie, in der wir, wenn auch nur für kurze Zeit, voll und ganz aufgehen und einfach nur wir sein können. Selbst, wenn diese Welt manchmal nur für einen Bruchteil einer Sekunde besteht, weißt du?", flüsterte die Prinzessin, so als ob nur ich es hören sollte.

„Ja, ich glaube schon", flüsterte auch ich und machte eine Pause, um nachzudenken. „Ich habe da manchmal ein bisschen Angst vor."

„Wovor hast du Angst?"

„Davor, dass ich nicht aufhören kann, nach diesem einen Bruchteil der Sekunde zu suchen. Jetzt gerade weiß ich ganz genau, was du meinst und wie sich das anfühlt. Es ist so wunderbar und so groß und warm. Aber ich weiß, dass ich das Gefühl schon ganz bald nicht mehr habe. Und dann suche ich es wieder."

„Das macht das alles so einfach und trotzdem so kompliziert", sagte die Prinzessin. „So, wie das mit der Liebe eben ist. Der Moment, auf den wir so lange warten, kommt und ist so schnell weg, wie wir gebraucht haben, zu begreifen, dass wir ihn gerade erlebt haben."

„Ja, du hast recht", sagte ich.

„Und was macht die Angst mit dir?"
„Was soll sie denn machen?"
„Na ja, sie könnte dich zum Beispiel hemmen, etwas zu tun oder zu sagen oder zu machen", sagte die Prinzessin und legte mir dabei ihre Hand auf die Brust. „So, wie du es eben erzählt hast."
„Ich bin vielleicht ängstlich, aber ich bin nicht feige", sagte ich. „Zumindest nicht mehr. Ich habe dazugelernt."
„Ja? Was denn?"
So naheliegend wie die Frage der Prinzessin war, so überrascht war ich von ihr und so wenig hatte ich eine Antwort darauf. Die Prinzessin nahm ihre Hand wieder zu sich. „Das ist gut, wenn du gelernt hast. Das ist nie verkehrt. Es kommt darauf an, was du fühlst", antwortete sie. „Aber was heißt das, nicht feige zu sein?"
„Ich habe keine Angst davor, das Glück zu suchen", antwortete ich.
„Aha."
„Nur ein bisschen Angst, es zu finden. Weil ich dann bestimmt versuche, es festzuhalten."
„Ja, das darfst du nicht. Wenn du versuchst, es festzuhalten, bleibt eh nur der schmierige Rest zwischen deinen Fingern kleben. Der Beweis dafür, dass du dabei warst. Aber beschreiben oder sagen, woher der Schmutz an den Händen und unter den Fingernägeln kommt, kannst du dann nicht mehr", sagte die Prinzessin, irgendwie ernst und trotzdem verträumt. Sie wechselte schnell vom Flüstern in ein leises, aber bestimmtes Reden. „Es geht doch eigentlich nur darum, Liebe zu geben, aber vor allen Dingen wohl darum, Liebe zu finden. Oder nicht? Am Ende sind alle auf der Suche nach genau dem. Deshalb sind die Straßen und Wege doch hier mit Liebe gepflastert. Hast du noch nie darüber nachgedacht? Die Liebe ist hier überall in allen Farben und Formen an Wände geschmiert. Hier sind überall Herzen und Regenbögen in den Bäumen und an den Wänden und auf Stickern. Die wollen hier alle nur das eine. Lieben und geliebt werden. Du auch."
„Das weiß ich doch." Ich hatte mich in den Farben des Batiktuchs im Netz an der Decke verloren, so stark knallte das Emma gerade. Aber ich wusste, wovon die Prinzessin gesprochen hatte und was sie mir vermitteln wollte.
„Hier treffen sich wildfremde Menschen", fuhr die Prinzessin fort, „und gehen, ohne Fragen zu stellen, vom ersten Moment an mit

dem größten angemessenen Respekt, den sie voreinander haben können, miteinander um. Ich wurde gestern ein paar Mal gefragt, ob man mir etwas Gutes tun konnte. Und wenn ich was gebraucht habe, dann habe ich es immer sofort bekommen. Wasser. Einen Sitzplatz. Sogar eine Banane", sagte sie und musste dabei leise lachen. „Das ist ein kleine, aber ehrliche Liebe. Weißt du, was ich meine?"

„Ja, klar. Das ist so, wie wenn man zum Beispiel nach dem Closing nüchtern vom DJ-Pult zu den Leuten geht, die bis zum Ende getanzt haben...", sagte ich, um sofort wieder von der Prinzessin unterbrochen zu werden.

„Ja, genau und das sind ja auch die, die dich die Liebe auch dann spüren lassen, wenn du selber gar nichts genommen hast. Das ist schon auch echte Liebe, die einem da entgegenkommt."

„Das verstehe ich. Das ist wie bei House Musik. Künstliche Fröhlichkeit. Aber ich meine, das lasse ich eigentlich nicht mit mir machen...", sagte ich und wurde ein weiteres Mal unterbrochen.

„Der einzige Grund, warum diese Art der Zuneigung immer wieder in Frage gestellt wird, ist der, dass diese Liebe gezielt herbeigeführt wird oder zumindest versucht wird, sie gezielt herbeizuführen."

Jetzt erst, als die Prinzessin sich auf ihrem Arm lehnte und noch lauter sprach, wurde mir klar, dass die Prinzessin einem Laberflash erlegen war.

„Ansonsten ist das was passiert, aber so ziemlich das, was viele Leute als Liebe verstehen: Das Empfinden von Glück und die Weitergabe dieses Glücks an andere Menschen."

„Ja, ich weiß, was du meinst", bestätigte ich sie ein weiteres Mal und das in voller Überzeugung. Die Prinzessin konnte dennoch sichtlich nicht mehr aufhören zu reden, geschweige denn einen Gastredner wie mich zu Wort kommen lassen.

„Auch wenn diese Art der Liebe fast immer situativ entsteht, ist sie nicht oberflächlich. Dafür aber doch oft eine sehr vergängliche Liebe. Manchmal vergeht sie schon nach dem gefeierten Abend. Manchmal nach ein paar Stunden oder Minuten."

Ich merkte, wie das MDMA bei mir langsam zum nächsten Höhepunkt aufbrach und atmete noch einmal tief ein und aus. Mit meiner rechten Hand griff ich der Prinzessin in ihr Haar und kraulte ihren Kopf.

„Es ist ja nicht so, als ob die Liebe verschwindet, es ist eher so, dass sie sich in eine andere Richtung orientiert", sagte sie.

„Sie kommt und geht wie unsere Trips", antwortete ich.

„Im Up und im Down, bei Tag und bei Nacht", antwortete die Prinzessin. „Es reicht, wenn man auf der Tanzfläche ein Lächeln teilt, weißt du?" Die Prinzessin drehte ihren Kopf zu mir. „Dann tanzt du da für Stunden rum und immer wieder schaust du und checkst ab, ob der andere noch da ist. Obwohl ihr euch gar nicht kennt. Nur weil ihr euch erblickt habt und ihr für diesen Moment der perfekte Orientierungspunkt füreinander seid. Manchmal fühlt sich das so an, als wäre man magnetisch miteinander verbunden. Kennst du das?"

„Ja, das kenne ich. Das ist schön."

„Das wünsche ich dir", flüsterte die Prinzessin.

„Ich dir auch", antwortete ich.

Wir lagen einfach nur da mit geschlossenen Augen und genossen das Gefühl des frisch geschöpften Serotonins. Es pulsierte durch unsere Arme und Beine und den Kopf. Manchmal kitzelte es ein wenig und war dabei trotzdem angenehm. So verging sicherlich eine halbe Stunde. Dann wurde es schwächer und legte sich auf unsere Körper, bis wir es nur als dünnen Film auf unserer Haut spürten.

Als ich die Augen wieder öffnete, strahlte die Sonne durch das Fenster des Campers. Wir hatten nicht gemerkt, dass gar kein Regen mehr auf das Dach prasselte. Die Prinzessin öffnete ihre Augen und schien klarer zu sein als den ganzen Morgen über. Mir ging es genauso. Die Joints, der Sekt, das MDMA hatten uns für eine gute Zeit im Camper festgehalten. Inzwischen war es zwei Uhr am Mittag. Ich öffnete die Seitentür und wir sahen, wie ein strahlender Sommertag zwar mit Verspätung, dafür umso freundlicher doch noch hierhergekommen war. „Gehst du mit mir Spazieren?", fragte die Prinzessin. „Nur wir beide?"

Den Tag über teilten wir Tüten, Drinks und Shots. Wir teilten Gedanken, Gelegenheiten und Tänze. Wir ließen uns über das Festivalgelände treiben und waren in Bäumen, in Zelten, in Höhlen. Wir verbrachten den Tag damit, zu laufen, zu reden, zu liegen und zu träumen. An diesem Tag fühlte es sich so an, als wären wir die beiden Magneten, von denen die Prinzessin gesprochen hatte. An diesem Tag lebten wir ein Doppelleben, das wir unseren Eltern verschwiegen und nur miteinander teilen konnten. Außer uns würde es niemand verstehen. Da draußen, jenseits des Festivals konnte keiner etwas von dem nachvollziehen, was wir hier erlebten.

Erst abends trafen wir uns wieder zu dritt am Camp und richteten uns gemeinsam auf die Nacht ein. Wir gingen an den Strand, um den Sonnenuntergang zu sehen und dabei den ersten Sekt des Abends zu trinken. Wir sogen die letzten Strahlen und die letzte Wärme auf, bis die Sonne irgendwann den Horizont berührte und langsam unterging.

„Stellt euch mal vor, in ein paar Jahren erzählt ihr irgendwelchen Leuten davon, wie die Zeit war in der wir jetzt Leben. Und der Abend hier am Strand ist der Höhepunkt eurer Geschichte. Das würde bedeuten, dass wir jetzt gerade in diesem Moment den Höhepunkt einer ziemlich krassen Zeit erleben", sagte Ludger und machte uns beide damit für einige Momente sprachlos.

„Ich glaube, mir wird ein bisschen schlecht", sagte die Prinzessin, als sie ihren Becher mit Sekt ausgetrunken hatte und ihn dann plötzlich absetzte. Damit äußerte sie sowohl ihr derzeitiges Befinden, kommentiere aber auch den wirklich sentimentalen Denkansatz, den Ludger gerade in die Welt entlassen hatte.

„Ja, dann halt nicht", erwiderte dieser, setzte sich etwas mürrisch auf und schaute verträumt über das Wasser.

„Brauchst du etwas?", fragte ich die Prinzessin. Unser Gespräch hatte mich noch den ganzen Tag beschäftigt und ich hatte mir Gedanken darüber gemacht, wo wir beide eigentlich standen und welche Ebene unser Verhältnis zueinander gerade hatte. Situationen wie die in Porto machten mich unsicher. Dann verschloss ich mich wissentlich und merkte, wie auch die Prinzessin eine emotionale Mauer zu mir aufbaute. Das verstärkte sich gegenseitig. Vielleicht war es einfach an der Zeit, noch offener miteinander zu sein. Noch mehr geben. Eine noch tiefere Verbindung aufbauen. Vielleicht konnten wir mit einer solchen Kommunikation eine neue Ebene erreichen. In mir blubberte ein Rausch, momentan primär hervorgerufen durch Alkohol und Gras. Schlecht war mir nicht. Tage wie heute bewirkten das komplette Gegenteil einer emotionalen Abgrenzung und ich wünschte mir, mit der Prinzessin allein zu sein. Da war auf einmal wieder kein Zweifel, dass unsere emotionale Verbundenheit tiefer nicht sein konnte und niemand sonst auf der Welt so komplex und dabei spielend einfach füreinander empfand.

„Nein, alles gut“, sagte die Prinzessin. „Das ist, was mein Körper macht, nicht was ich mache.“ Sie stellte den Becher bei Seite und legte sich mit ihrem Kopf auf den Turnbeutel.

„Was meinst du?“, fragte ich.

„Nur weil du da drinsteckst, heißt das nicht, dass du das bist, Gregor. Denk mal drüber nach“, sagte sie und atmete mehrmals langsam und tief ein und aus.

„Sitzen, Essen, Schlafen wann immer es geht“ sagte Ludger mehr zu sich selbst.

„Vielleicht hilft ja ein Schluck Sekt?“, sagte ich, ohne darüber nachzudenken, ob mein Angebot gerade konstruktiv war oder nicht.

„Das Dumme ist ja auch irgendwie, dass man immer nur seine eigenen Muster durchbrechen kann, findest du nicht, Gregor? Aber abgesehen davon, dass mir gerade schlecht ist, ist das Gute an mir, dass ich den Sekt jetzt aufmachen kann oder später. Es ist allen immer recht“, sagte die Prinzessin wohl in dem Wissen, dass es ihr gleich wieder besser gehen würde. Sie kannte ihren Körper ziemlich gut.

„Da hast du echt Glück“, sagte ich.

„Womit jetzt?“

„Mit dem Sekt.“

„Ja, nicht wahr? Deswegen kann ich mir auch noch ein bisschen Zeit damit lassen.“

„Und wenn ich ihn vorher aufmache?“, fragte ich ein wenig eindringlicher.

„Dann würde ich dich bitten, erstmal nur bei Sekt zu bleiben. Ich glaube es endet böse, wenn wir so weitermachen wie bisher“, antwortete die Prinzessin ebenso eindringlich.

„Ja“, warf Ludger ungefragt ein.

„Damit könntest du recht haben, ja“, gab ich zu.

„Damit habe ich auf jeden Fall recht“, untermauerte die Prinzessin ihren Standpunkt. „Hast du eigentlich mitgezählt, was wir alles schon hatten?“

Ich schaute sie fragend an.

„Okay“, fuhr die Prinzessin fort, „hast du eine grobe Ahnung?“

Ich veränderte meinen Blick kein bisschen.

„Man kann in der Brotdose schon wieder bis auf den Boden gucken", meldete sich Ludger ein weiteres Mal zu Wort.

Die Prinzessin nahm ihre Sonnenbrille, die sie trotz der untergegangenen Sonne bis jetzt immer noch getragen hatte, von der Nase und kam mit ihrem Gesicht langsam näher an meins.

„Gregor: Wir. Müssen. Weniger. Ballern."

Sie sagte diesen Satz eindringlicher als die anderen davor, in der Hoffnung, dass ihre Worte noch irgendetwas in meinem Kopf erreichen würden, was in Kooperation mit meinem Hirn stand. Allerdings war da zu dem Zeitpunkt nicht mehr viel zu erreichen. Meine Sektsynapsen waren verklebt. Und wenn die Prinzessin ehrlich war, dann befand sie sich in einem ähnlichen Zustand. Der einzige Unterschied war, dass sie gerade körperlich nicht mehr weiterkam und deswegen auf die Bremse trat. Das hätte genauso gut umgekehrt passieren können.

Was wir auf dem Weg vom Strand hin zum Camp und schließlich wieder auf das Festivalgelände veranstalteten, war in jedem Fall noch kein richtiges Torkeln. Als Gehen konnte das aber auch nicht mehr bezeichnet werden. Zwar waren wir echt langsam und kamen nie wirklich vorwärts, was aber dazu führte, dass wir durch unsere vielen Zwischenstopps neue Orte und neue Menschen kennenlernten. Es gab hier so viele unterschiedliche Menschen, die vom Alter über die Herkunft bis hin zum Bildungsgrad so divers waren,dass wir fasziniert, überrascht und tief beeindruckt davon waren, obwohl wir das schon auf vielen anderen Festivals erlebt hatten.

Das Gelände schien viel voller als am Tag davor und die Menschen viel intensiver und lauter und enger beieinander. Das **„Anker Lichten"** war noch viel bunter geworden und dabei doch immer irgendwie mit den gleichen Grundsätzen im Herzen aller Gäste. Es war egal, ob die Leute fanatische Segelflieger oder Hirnforscher waren. Hier waren alle gleich.

Durch das Feiern kannte ich inzwischen Juristen, hoch angesehene Projektmanagerinnen, Selbstständige, Kulturschaffende und überaus erfolgreiche Werbefachleute, Schauspielerinnen und Schauspieler, Musikerinnen und Musiker, die uns hier alle über den Weg hätten laufen können, wie sie es auf anderen Festivals und in den Clubs, in denen wir spielten, auch ständig taten. Sie alle waren denselben Sehnsüchten, denselben Drogen, denselben Ritualen verfallen wie Arbeitslose, Hippies, Tagelöhner und Leute die nicht wussten, was sie mit ihrem Leben anfangen sollten und denen, die mit ihrem Leben nichts anfangen konnten. Sie teilten sich Räume, Tische und Betten, Röhrchen und Geldscheine, Gläser, Flaschen, Baggys und Döschen. Wohlig warm. So fühlte es sich an. Jedes Mal, wenn eine Tüte angezündet wurde. Jedes Mal, wenn wir uns im Ketaminrausch in den Armen lagen. Jedes Mal, wenn wir in dieser Nacht auf MDMA Sterne guckten und jedes Mal, wenn wir uns in unsere weit aufgerissenen Amphetaminaugen schauten. Jedes Mal, wenn wir tanzten, wenn wir spazierten, herumlagen und kuschelten oder einfach nur gemeinsam staunten. Wir waren eine Gemeinschaft zum Lieben, Lachen und Lallen. Die Prinzessin, Ludger und ich waren nie alleine, ob tanzend in den Kronen, im Hafen oder trinkend an den Bars, an denen wir auf unseren Wegen vorbeikamen.

Ich wusste nicht mehr, wo Ludger war, aber die Prinzessin tanzte gerade direkt vor mir barfuß auf dem Holzboden des Hafens. Tech-House von der guten Sorte. Nebel. Perkussive Rhythmen, eine Melodie aus dem Klang einer Steeldrum gebaut. Mächtige Bässe. Die Musik trieb. Der Rausch drückte. Wir schwammen inmitten eines Ozeans aus Totems, Quallen, Flaggen, Tüchern, Menschen und Farben. Der Wind wehte vom See her durch die nicht allzu kalte Nacht. Unsere Pupillen waren groß. Wir hatten geschwitzt. Natürlich hatten wir nicht weniger geballert. Natürlich hatten wir die Kontrolle abgegeben. Natürlich war uns egal, welche Konsequenzen wir morgen zu tragen hatten. Wir waren auf dem ersten Festival des Jahres. Hallo? Eben. 123 Beats pro Minute vielleicht. Oder 126. Sowas. Der Bass stampfte. Bam. Bam. Bam. Bam. Wir flogen. Die Prinzessin tanzte so elegant, dass ihre Haare immer wieder ganz langsam über ihre Schultern fielen. Dann strich sie sich mit ihrer Hand durch das Haar und schmiss es wieder nach hinten. Ich beobachtete sie dabei und wünschte mir wieder, mit der Hand durch ihre Haare zu fahren, wie heute morgen. Das musste sich schön anfühlen. Heute morgen tat es das. Ich stellte es mir sehr weich und angenehm vor. Kaum war dieser Gedanke durch meinen Kopf gegangen, fuhr meine Hand ohne, dass ich nochmal darüber nachdachte oder es bewusst entschied, auf Prinzessin van Mayers

Rücken und schob sich langsam in ihren Nacken. Ich glaubte, sie würde verstehen, dass ich das machte, weil der Rausch es mir empfahl. Ich war mir sicher. Außerdem würde es ihr auch gefallen. Bestimmt. Als meine Hand an ihrem Haaransatz angekommen war, lehnte die Prinzessin ihren Kopf erst langsam nach rechts und dann langsam nach links. So, als würde sie sich in die Massage fallen lassen und es genießen. Das war unsere Art der Kommunikation. Der nächste Tanzschritt, den sie machte, brachte sie näher zu mir. Die Prinzessin nahm meine linke Hand und legte sie auf ihren Bauch. Dabei drückte sie sich weiter an mich, sodass wir innerhalb weniger Augenblicke eng aneinander auf der Tanzfläche standen. Es fühlte sich so an, als hätten wir beide den ganzen Tag, wenn nicht sogar die gesamten letzten Wochen nur darauf gewartet, genau an dieser so Stelle so nah beieinander zu sein und einfach zu genießen, wie unsere Körper sich berührten und wir uns gegenseitig mit den Fingern über die Haut fuhren. Es fühlte sich so an, als wäre das, was wir hier gerade taten, das Richtige. Als wäre alles andere verboten. So, als täten wir das einzig Logische und das mit voller Überzeugung und im absoluten Genuss. Dann drehte die Prinzessin sich um und küsste mich. Wir küssten uns langsam und genussvoll und fingen dabei immer wieder an zu lachen, die Augen geschlossen. Dabei fuhr sie mir mit ihren Händen über den Körper. Es störte uns nicht, dass es hier gerade so belebt war. Es war mehr als ein Hoch in unserer Beziehung. Es war etwas mit Gefühlen. Etwas Echtes. Ob das alles in irgendeiner Wechselwirkung mit unserem Konsum stand, war keine Frage. Es war so. Trotzdem war ich mir sicher, dass ich die Prinzessin noch nie so intensiv erlebt hatte. Ich hatte sie schon so nah an mir gespürt, aber noch nie so viel gefühlt. Wir waren uns immer wieder nahgekommen, aber wir waren uns noch nie so einig darin gewesen. Wie oft wir schon auf derselben Tanzfläche standen, so wie jetzt war es noch nie. Der Track machte einen Break. Eine cheesy Melodie waberte über den Floor. Die Prinzessin nahm mein Gesicht in ihre Hände und schaute mich verträumt an.

„Was hast du gerade gedacht?", sagte sie fast zu leise. Sie lächelte. Wir schauten uns für einen Moment in die Augen.

„Ich mag das. Das fühlt sich richtig an."

„Ja, das ist schön", rief sie. „Ich muss die ganze Zeit an heute Morgen denken."

„An das Gespräch im Camper?"
„Ja. Genau."
„Was ist damit?"
„Warum...?" Die Prinzessin ließ ihren Blick in die Menge schweifen, konzentrierte sich dann aber noch einmal und schaute wieder zu mir. „Was meintest du mit ‚Sie war weg?' und warum hast du mir denn nie etwas gesagt?"
„Meinst du, das wäre richtig gewesen?", fragte ich.
„Klar, wäre das richtig gewesen. Wir beide können doch inzwischen über alles reden, findest du nicht?"
„Ja schon. Da hast du recht."
„Also, wenn du mir etwas sagen willst", die Prinzessin machte eine Pause. „Ich bin hier." Sie lächelte mich an, so als wolle sie mein Vertrauen gewinnen, als wüsste sie nicht, dass sie es schon längst in vollen Zügen genoss. Jetzt nahm sie ihre Hände wieder zu sich.
„Ganz schön cheesy", sagte ich und lächelte. Ich konnte im Blick der Prinzessin nicht erkennen, was sie im nächsten Moment dachte, nur, dass er sich langsam aber sicher änderte. „Also, ich meinte die Musik", ergänzte ich schnell, aber da war das Lächeln der Prinzessin schon so gut wie verflogen.
„Ja", sagte die Prinzessin, bevor ihr Lächeln schließlich komplett verschwand. „Ja, du hast recht. Das ist schon alles ganz schön cheesy", Sie ließ meine Hand los. Auch mein Lächeln verflog.
„Wo ist eigentlich Ludger?", fragte die Prinzessin und schien auf einmal verunsichert und irgendwie aufgekratzt.
„Weiß ich nicht. Ist doch egal. Ist doch gerade voll schön."
Die Prinzessin schaute mich wieder an. „Ja."
Sie lächelte wieder, aber dieses Mal nur noch ganz kurz. Trotzdem konnte sie nicht verbergen, dass hier gerade irgendetwas schiefgelaufen war. Irgendein Gedanke war nicht da angekommen, wo sie ihn hingeschickt hatte. Irgendein Stau oder Verkehrschaos auf der Gedankenautobahn. Was das war, wusste die Prinzessin aber anscheinend genauso wenig wie ich. Die Musik wurde theatralischer und steigerte sich in einen romantischen Matsch aus Synthies und Glockengebimmel.
„Oder?", fragte ich.
Die Prinzessin schaute durch die Gegend. Sie war unzufrieden damit, wie unser Dialog verlief. Den Scherz mit der Cheesyness

hätte ich mir sparen müssen. Ihre Frage war ernsthaft gewesen und ich hatte jetzt das Gefühl, mich darüber lustig gemacht zu haben. Endlich schaute die Prinzessin mir wieder in die Augen. „Ich dachte du sagst mir jetzt, was Sache ist mit uns."

Ich zögerte kurz, bevor ich antwortete. „Mit uns?"

„Na ja, von wem hast du denn sonst geredet heute Morgen?", fragte die Prinzessin. Ich schwieg. In diesem Moment wurde mir klar, dass die Prinzessin davon ausgegangen war, dass ich heute Morgen über uns beide gesprochen hatte. Dass ich dabei die Geschichte von Anna und mir erzählt hatte, wurde ihr erst jetzt klar.

„Ist nicht dein Ernst, Alter." Der Prinzessin schossen zuerst Tränen in die Augen, bis sie sichtlich bemüht war, die Haltung zu wahren. „Aber was-", sie musste kurz schlucken. „Aber was war das denn heute den ganzen Tag über?" Dann schaute sie wieder über den Floor, so als würde sie etwas oder jemanden suchen. Sie stand völlig neben sich. Was ihr bis zu diesem Moment durch den Kopf gegangen sein musste, war, was auch ich den Tag über gespürt und gedacht hatte. Dass wir die Magneten waren. Das wir die beiden waren, die die letzten zwei Jahre miteinander verbracht hatten. Dass wir zusammen hier waren und dass ich mit niemand anderem hätte tauschen wollen, wenn die Prinzessin in meiner Nähe war. Und in diesem Moment erlebte ich ein weiteres Mal, wie ich das alles dachte, aber nicht in der Lage war zu artikulieren, obwohl mir die Prinzessin gerade gegenüberstand und genau so etwas hätte hören wollen. Der Break war an seinem Höhepunkt angekommen und eh wir bis vier zählen konnten, drückte der Bass. Um uns herum explodierten die Gefühle. Die Menschen waren im Rausch und verloren sich in Ekstase und mittendrin die Prinzessin und ich. Verloren und alleine. Keiner von uns wusste, was als Nächstes passieren würde. Keiner von uns wusste, was jetzt gut wäre. Ich versuchte, klar zu denken. Was war denn da gerade passiert? Wohin war das alles, was vorher war? Was hatte ich gesagt oder eben nicht? Was hatte sie gesagt? Was hatte sie gemeint? Was? Vor mir sah ich die Prinzessin. Eine Träne lief ihr durchs Gesicht. Dann schaute sie mir noch einmal in die Augen, wischte sich die Träne von der Wange und lief geradewegs an mir vorbei, um den Floor zu verlassen.

❋

Magie

Als vor zwei Jahren die Open-Air-Saison zu Ende ging, war ich mit Anna auf einer kleineren, illegalen Party in einem Waldstück neben einer Autobahnbrücke. Die Musik war solide und die Drinks waren günstig. Anna und ich hatten nach unserer Ankunft zwei Schnäpse getrunken, uns ein Bier geholt und zwischen die Bäume auf eine Decke gesetzt. Es war eine der Nächte, die dazu gemacht waren, einfach nur wortlos zu tanzen. Das lag nicht nur daran, dass wir weder die Veranstalter noch die Menschen um uns herum kannten. Wir kamen uns sogar schon alt vor. Es war zudem eine komische Stimmung. Normalerweise hätten wir an so einem Abend erstmal ein langes, intensives Gespräch geführt, aber dazu war es die ganze Zeit schon nicht gekommen, obwohl wir spürbar gerne Zeit miteinander verbrachten. Keiner von uns sprach es aus, Grund für unsere Verlegenheit war aber mit ziemlicher Sicherheit, dass die Prinzessin heute Nacht einen Gig in der Stadt spielte und ich aber mit Anna auf dieses Open Air gegangen war. Es war zwar nicht das erste Mal, dass die Prinzessin alleine zu einem Gig fuhr, aber dafür das erste Mal, dass ich mich zwischen einem Abend mit ihr und einem Abend mit Anna entscheiden musste. Mein Bauchgefühl hatte mich dazu gebracht. Rationale Gründe dafür gab es nicht.

„Ist doch gut, dass wir nicht in den Club gegangen sind", sagte ich, um den Abend dann doch noch irgendwie mit einer Unterhaltung zu füllen.

„Ja, das ist chilliger. Obwohl die Prinzessin dich sicher vermisst", antwortete Anna und spielte direkt mit offenen Karten.

„Ja schon."

„Aber?"

„Aber ich bin ja auch manchmal alleine unterwegs. Das gehört einfach dazu."

„Aber ich meine, wenn ihr das jetzt richtig durchziehen wollt, müsst ihr euch dann nicht eigentlich immer begleiten?"

„Ja, schon." Ich merkte erst jetzt, dass die spärliche Kommunikation wohl hauptsächlich von mir ausging. Ich war es, der die kurzen

Antworten gab. „Wir versuchen es ja auch. Aber ich merke schon. Das ist alles anstrengender als gedacht", antwortete ich. „Wir hatten vor ein paar Tagen so ein richtig ernstes Gespräch. Über ernste Themen. Ich glaube, vielleicht ist es auch gut, dass sie das heute mal alleine macht."

„Was denn für Themen?", fragte Anna.

„Na ja. Lebensstil und sowas."

„Was ist denn mit eurem Lebensstil?"

„Es geht eher um unser aller Lebensstil. Also wir alle, die wir feiern und im Speziellen die, die auflegen."

„Sieht sie das kritisch?"

„Nein."

„Und du?"

„Nein. Und du?"

Anna legte ihren Kopf in ihre Hand, die durch ihren Ellenbogen auf ihrem Knie abgelegt war. Sie schaute durch die Gegend und es schien so, als wolle sie sich vor einer Antwort drücken. Dass wir beide nicht auf demselben Nenner waren, was den quantitativen und zeitlichen Umgang mit Partys, Drogen und der Szene betraf, wusste ich bereits aus vorherigen Gesprächen. Jetzt waren wir also wieder bei diesem Thema angekommen.

„Weißt du, ich frage mich schon, wie lange das noch so gehen kann. Das, was wir hier jedes Wochenende machen, das kann ja kein Dauerzustand sein, oder siehst du das anders?"

„Also, bei mir ist das ja schon so," antwortete ich. „Es ist jedes Wochenende laut. Immer viel los."

„Ja, bei mir auch", sagte Anna. Und dann sagte ein weiteres Mal keiner von uns beiden etwas. Vielmehr betrachteten wir das Treiben hier im Wald und die Menschen, die fast alle jünger waren als wir.

„Und das siehst du jetzt also kritisch?", fragte ich noch einmal nach.

Anna atmete tief ein, schaute mich dann entschlossen an und begann ihr Plädoyer: „Ja, schon. Ich meine ihr macht das ja auch aus Gründen, irgendwie. Als Beruf. Zumindest ist das euer Ziel und das ist ja auch ok. Aber bei mir. Das ist ja Freizeit. Und ich mache mir schon Sorgen darüber, so viel Freizeit mit Feiern zu verbringen."

„Und weißt du denn etwas, was du lieber machen würdest?", fragte ich.

„Also, irgendwie mal neue Leute kennenlernen. Nüchterne Leute. Tagsüber. Ohne sich anzuschreien. In einem Café."

„In einem Café?", fragte ich.

„In einem Café", antwortete Anna lachend auf meine sichtlich verwirrte Nachfrage. „Das klingt total bescheuert, ich weiß. Aber ich stelle es mir schön vor."

„Ja. Nein. Das ist ja sicherlich auch schön", sagte ich und ein weiteres Mal machte sich Stille zwischen uns breit. Die Lücke, die da zwischen uns klaffte, schien nicht überbrückbar.

„Ist das jetzt Hedonismus, wenn ich mir wünsche, nicht so an die Maßgaben von Rave und Party gebunden zu sein, wie zum Beispiel Uhrzeiten? Ich würde echt gerne mal wieder an einem Sonntag früh aufstehen und etwas Schönes machen, anstatt mir die siebte Nase Keta zu ziehen und irgendwie doch wach zu bleiben", fuhr Anna dann fort.

„Ja, das kann schon sein. Muss ich mal drüber nachdenken", antwortete ich. Ich trank von meinem Bier und kramte nach meinem Drehzeug für einen Joint. Ich hatte mir an diesem Wochenende erst neues Gras gekauft. Den Sommer wollte ich noch ausklingen lassen und zur Wintersaison, wenn es wieder in die Clubs ging, den Konsum erstmal ruhen lassen. Step by step und alles zu seiner Zeit.

„Ich will einfach ein bisschen mehr Sinn. Das ist mir hier alles zu wenig. Und es ist auch immer dasselbe", sagte Anna, während sie ein paar Partygäste musterte, die an unserer Decke vorbeiliefen.

„Ja, findest du?"

„Ja voll. Irgendwann ist doch auch mal gut. Entschuldigung."

„Nee, ist ja ok", antwortete ich. „Kommt nur alles ein bisschen plötzlich. Ich glaube, ich war in diesem Sommer einfach mit niemandem so viel unterwegs wie mit dir und irgendwie habe ich auch gedacht, dass wir das beide feiern, was hier passiert. Ich dachte, das hier wäre Hedonismus. Hier hinzukommen und die restliche Welt außen vor zu lassen."

„Ja, kann ja schon sein", sagte Anna dann und schaute mich etwas länger an. „Allerdings glaube ich, dass du mit der Prinzessin mindestens genauso viel unterwegs warst." Sie legte eine Hand auf mein Knie. „Aber mal abgesehen von eurer Musik, siehst du denn, dass das bei euch zu etwas hinführt? Also das Feiern meine ich. Was ist damit?"

„Es gehört ja schon alles zusammen", sagte ich und vertiefte mich in den Bau meines Joints. Mir wurde bewusst, dass ich keine Lust auf so ein Gespräch hatte. Es kostete Überwindung, über das alles hier zu reden, weil ich mich hier zunehmend rechtfertigte. Dabei hatte Anna mir bisher keinen konkreten Vorwurf gemacht. Aber das pauschale Infragestellen von alledem, was wir diesen Sommer erlebt hatten, störte mich. Noch mehr störte mich allerdings, dass Anna nicht aussprechen wollte, was sie wirklich gestört hatte: Der erste Abend, den ich mit der Prinzessin verbracht hatte und meinen parallelen ersten Konsum gleich mehrerer chemischer Drogen.

„Hey, also ich bin die Letzte, die jetzt irgendwelche moralischen Vorträge halten will. Jeder darf machen, was er oder sie will, Gregor."

„Aber du redest doch jetzt schon vom Ballern, oder?", wollte ich dann doch wissen.

„Jeder darf machen, was er oder sie will", wiederholte sich Anna. Dann machte sie eine Pause. „Ich fand es aber ehrlich gesagt immer ziemlich cool, dass du nicht so verballert und verscheppert warst, wie alle anderen. Das fand ich gut."

Jetzt hatte Anna endlich gesagt, was ihr so lange auf der Seele lag. So fühlte es sich für mich zumindest an. Sie konnte mir nicht in die Augen schauen und auch jetzt, nachdem sie sich offenbart hatte, warf sie ihre Blicke lieber wieder in den Wald, auf die Tanzfläche, in Richtung Bar oder irgendwohin, nur nicht zu mir.

„Das tut mir leid", sagte ich. „Also. Im Sinne von *Sorry*, weißt du?"

„Ja, ich weiß, was du meinst", sagte sie.

„Aber das hat mir auch total viel gebracht."

„Ja, ich weiß."

„Das hat irgendwie meinen Geist befreit. Das hat mir neue Perspektiven eröffnet."

„Ja, ich weiß. Und du denkst, dass das etwas ganz Besonderes ist und vielleicht auch, dass das nur dir so passiert und ach, ich weiß schon. Das war bei mir genauso. Das ist bei allen so." Erst jetzt schaute Anna mich wieder vorsichtig an. „Sei einfach vorsichtig."

„Die einen kritisieren dich dafür, dass du dich veränderst, die anderen werfen dir vor, dass du dich nicht weiterentwickelst", sagte ich. Anna warf ihren Blick unverändert zwischen Bäume, Sträucher und Äste. „Aber ja, ich bin vorsichtig. Keine Sorge", versuchte ich sie zu beruhigen.

„Und bitte keine Free-Your-Mind-Dialoge mehr. Habe ich alles schon durch. Und sorry, wenn das hart klingt, aber... Ach keine Ahnung. Ich habe mir halt irgendwann geschworen, dass ich niemandem was von dem Zeug gebe, der vorher noch nie was genommen hat."

„Hast du ja auch nicht."

„Nein. Ich nicht. Und trotzdem, irgendwie ist ja dasselbe passiert, als wenn ich es getan hätte. Vielleicht wäre es sogar anders passiert oder zumindest würde ich mich anders fühlen, wenn *ich* es gemacht hätte."

„Du redest so, als wäre irgendwas Schlimmes passiert. Das verstehe ich gar nicht."

Anna schaute mich jetzt richtig ernst an. „Es ist einfach eine Sache...", sie zögerte und überlegte. „Es ist einfach eine Sache für mich und von mir. Ich glaube, das muss ich mit mir selber ausmachen. Mach dir mal keinen Kopf."

„Anna", sagte ich und wartete, bis sie mich wieder etwas entspannter und beruhigter anschaute. „Es ist alles gut. Wirklich."

„Ja, irgendwie schon," gestand sie mir schließlich zu. Dann lächelte sie akzeptierend und reichte mir das Feuerzeug. Den Joint anzuzünden fühlte sich plötzlich komisch an. Anna hatte mich mit einigen Fragen konfrontiert, die ich bestmöglich ausgeblendet hatte. Und das schon lange. Es waren Fragen nach Sicherheit, nach Langfristigkeit, nach Zukunft und nach Sinn.

Wir tanzten bis in den frühen Morgen und nach der Party auf dem Weg zur S-Bahn erzählte mir Anna, dass sie wegziehen würde. Nicht nur weg aus unserer Stadt. Weg aus unserem Land. Nach Chile. Unbefristet. Für die NGO, in der sie bereits als Studentin angefangen hatte zu arbeiten, und für die sie sich jetzt verpflichtet hatte, Freunde und Familie zurückzulassen. Unsere Wege trennten sich, als ich als Erster aus der Bahn stieg.

Jetzt wusste ich, warum Anna so eindringlich gefragt hatte, ob wir heute Nacht noch einmal weggehen. Sie wollte sich verabschieden und eine kleine Ära würdig beenden. Zu der Zeit, die wir zusammen gefeiert hatten, kamen unzählige Stunden an Gesprächen hinzu, viele genauso kritisch wie die Themen dieser Nacht. In der Regel waren wir uns aber einiger gewesen als heute. Auch intime Gespräche hatten wir geführt und vieles geteilt, das eigentlich geheim war. Und auch körperlich waren wir uns immer wieder nah gekommen. Mit dieser Nacht hatte dies alles ein Ende gefunden. Es tat mir weh, dass ich keinen Einfluss auf den Ausgang unserer gemeinsamen Zeit nehmen konnte. Auf dem Weg in meine Wohnung überlegte ich, ob Anna wohl schon wusste, dass sie wieder von hier wegzieht, als wir uns ein paar Monate vorher kennenlernten, oder ob diese Entscheidung für sie vielleicht genauso plötzlich kam wie für mich. Ich fühlte mich auf irgendeine Art verlassen, obwohl wir es nie geschafft hatten, eine Partnerschaft einzugehen, noch mehr sogar, weil wir uns entfremdet hatten, spätestens seitdem ich ein paar Monate zuvor die Prinzessin kennengelernt und meinen Drogenkonsum über das Kiffen hinaus erweitert hatte. Ich wusste, dass sie es nicht schwer haben würde, neue Menschen kennenzulernen. Ich war mir sicher, dass ihre Wege sie an ihre Ziele führen würden.

Die Tür meiner Altbauwohnung quietschte schon seit einigen Wochen, das war jeden Sommer so, wenn sich das Holz zusammenzog. Im Winter würde es wieder ruhiger zugehen, wenn ich die Wohnung betrat. Und bis dahin war es an diesem Morgen gefühlt gar nicht mehr weit. Annas Abschied hatte mich runtergezogen. Ich freute mich auf Ruhe. Als ich zur Wohnung hineinkam und die Tür hinter mir schloss, zog ich sofort meine Schuhe aus. Danach die Jacke und den Pullover und auch die Hose, bevor ich die Badezimmertür aufmachte und die Prinzessin nackt in meiner Badewanne sitzen sah. Das Wasser lief gerade ein.

„Oh. Hallo", entfuhr es mir unkontrolliert.

„Hallo, Gregor", antwortete die Prinzessin in einem ruhigen Ton und so, als wenn sie mich erwartet hatte. Sicherlich hatte sie gehört, wie ich nach Hause gekommen war.

„Ist alles gut? Warum sitzt du in meiner Badewanne?"

„Franca hat einen Typen mit nach Hause genommen und da habe ich jetzt keinen Bock drauf. Und ich wollte Baden. Und wir haben bei uns keine Badewanne, wie du weißt."

„Ja. Ich weiß. Und wie war die Nacht?"

„Gut."

„Schön."

„Ja."

„Waren viele Leute da?"

„Es ging. Die DJ nach mir hat völlig übertrieben."
„Zu schnell?"
„Und zu hart. Ich hasse es."
„Ich dachte du spielst auf dem ruhigen Floor."
„Ja, dachte ich auch. Hat sich aber alles verlegt und wurde verschoben."

Es war kein Problem für mich, dass die Prinzessin jetzt nackt in meiner Badewanne saß. Es war nur ungewohnt, denn es war das erste Mal. Meine Wohnungsschlüssel hatte ich ihr vor zwei Wochen erst gegeben. Ich dachte mir, es wäre schlau, ein Exemplar verliehen zu haben. Und so oft, wie die Prinzessin inzwischen Zeit bei mir verbrachte, wäre es manchmal sogar einfacher für uns beide gewesen, wenn sie ihre eigenen Schlüssel gehabt hätte. Die Grenze der Nacktheit hatten wir bis eben immer eingehalten. Manche Dinge passierten einfach.

„Wie war denn dein Abend mit Anna?", fragte die Prinzessin, nachdem sie den Kaltwasserhahn zugedreht hatte. Das heiße Wasser lief noch weiter. Das war das erste Mal, dass die Prinzessin mir eine Frage zu Anna stellte. Die beiden kannten sich. Sie verbrachten Zeit miteinander, aber deshalb, weil sie parallel zueinander Zeit mit mir verbrachten. Ich glaube, die Prinzessin konnte Anna nicht leiden, oder hatte einfach keine Lust, sie kennenzulernen, oder, oder.

„Ach, es war irgendwie schön, aber auch unspektakulär und am Ende auch traurig", erklärte ich langsam. „Sie hat mir gesagt, dass sie wegzieht."
„Was heißt weg?"
„Sie ist halt nicht mehr in der Stadt."
„Wo ist sie denn?"
„Sie zieht weg. Für einen neuen Job."
„Und was?", fragte die Prinzessin.
„Heute Nacht wusste ich es noch. Auf jeden Fall etwas Gutes. Also ethisch gut", sagte ich.
„Und wo?", fragte die Prinzessin.
„In Chile", sagte ich.

Die Prinzessin drehte das heiße Wasser ab. Jetzt herrschte Stille im Badezimmer. „Und jetzt?"
„Ich wollte jetzt eigentlich noch duschen vor dem Schlafen."
„Sorry. Ich wusste nicht, ob du schon da bist oder noch länger

bleibst. Ich dachte, ich setz mich einfach in deine Wanne."

„Ja. Ist ja auch in Ordnung."

„Willst du mit rein?"

„Nee, lass mal. Danke."

„Ok." Die Prinzessin fing an, Badesalz und Badeschaum einzulassen. „Das riecht gut", sagte sie.

„Das habe ich neu gekauft. Mir war irgendwie nach Düften. Ich versuche gerade durch Düfte an Erinnerungen von früher zu kommen", erklärte ich. „Ich kam noch nicht dazu, es zu benutzen. Ist es gut?"

„Ja, das ist gut. Woran soll es denn erinnern? Ich kann ja mal probieren, ob es bei mir auch klappt", sagte die Prinzessin. „Was meinst du? Deine Kindheit?"

„Ja, genau. Baden bei Oma."

„Und war das der Badeduft deiner Oma?"

„Weiß ich nicht. Aber es geht auch eher so um den gedanklichen Duft."

Die Prinzessin war im Begriff ihren Kopf unter Wasser zu tauchen, so tief war sie inzwischen in der Wanne versunken. Als ihre Nasenlöcher unter Wasser waren, öffnete sie ihre Augen, schaute mich an und lies nach und nach ihren Kopf weiter sinken und zeitgleich die Luft aus der Nase nach oben steigen. Nach vielleicht einer halben Minute tauchte sie wieder komplett auf.

„Und was ist jetzt mit Anna? Seht ihr euch nie wieder oder was?", fragte sie. Es wirkte abgeklärt. Ihr ehrliches Interesse konnte sie aber nicht verbergen.

Seit einem halben Jahr kannten die Prinzessin und ich uns jetzt und sie hatte sich immer zurückgezogen oder rausgehalten, wenn es um Anna ging. Die beiden passten aber auch nicht zueinander. Zwischen den beiden funktionierte etwas nicht.

„Nee. Ich wüsste ja auch nicht wo", antwortete ich.

„Ja. Aber kann man ja alles herausfinden."

„Stimmt."

„Ja, und?" Die Prinzessin griff nach einem Badeschwamm auf der Wannenkante.

„Ich wollte jetzt erstmal schlafen", sagte ich.

„Nein, eigentlich wolltest du duschen. Du änderst deine Pläne ständig", brauste die Prinzessin auf.

„Was soll das denn heißen?"

„Gregor, geh doch einfach in die Dusche, wenn du duschen willst."

„Ich wollte duschen, aber dabei wollte ich alleine im Raum sein."

„Und was ist jetzt so schwer daran, deinen Plan einfach anzupassen? Jetzt gehst du gleich nicht duschen und dann liegst du im Bett und stinkst nach Open-Air und ärgerst dich die ganze Zeit, dass du nicht duschen gegangen bist. Ich liege halt jetzt hier in der Wanne. Sorry. Aber kann ich jetzt auch nicht ändern. Dauert halt jetzt noch bestimmt eine halbe Stunde oder so."

„Ich kann auch noch eine halbe Stunde warten", antwortete ich und verließ das Badezimmer.

Mit dem Gedanken an einen warmen Tee steuerte ich in Richtung Küche, als mir eine Nachfrage, die ich der Prinzessin noch stellen wollte, durch den Kopf schoss. Ich lief zurück und streckte meinen Kopf durch die offenstehende Badezimmertür. „Das ist jetzt aber nicht der Versuch hier etwas zu starten oder so? Dass du nackt in meiner Wanne sitzt, wenn ich nach Hause komme?"

„Was denn starten?", fragte die Prinzessin.

„Etwas. Zum Beispiel etwas Sexuelles."

„Nein."

„Ok."

„Nein. Lass uns mal nur befreundet sein. Das würde nämlich sowieso schiefgehen mit uns. Das ist bisher immer alles schief gegangen bei mir und bei dir doch auch, oder? Dann lass uns lieber Freunde sein und dann freuen wir uns in zwei Jahren oder so, wenn wir nicht zusammen waren oder etwas hatten, dass wir dann aber noch befreundet sind", erklärte sie.

„Voll", antwortete ich.

Die Prinzessin drückte den Badeschwamm aus und das Wasser floss in die Wanne. Es plätscherte. Irgendwie beruhigend.

„Schade, dass du nicht da warst, heute Nacht. Wäre witzig geworden", sagte die Prinzessin nach einer kurzen Pause in einem wieder ruhigeren Ton.

„Ja, das glaube ich dir. War denn jemand da, den man kennt?"

„Nein, aber deswegen wäre es ja witzig geworden. Du und ich. Franca und Fabi. Das wäre was gewesen."

„Tut mir leid. Aber das mit Anna war jetzt auch wichtig, dass wir uns nochmal gesehen haben", sagte ich.

„Aber du wusstest gar nicht, dass es das letzte Mal ist, dass ihr euch seht. Du wusstest ja vorher nicht, dass es so wichtig war“, antwortete die Prinzessin leise, aber noch laut genug, dass ich es gut hören und den schnippischen Unterton verinnerlichen konnte. Ich merkte, dass Prinzessin van Mayer an diesem Morgen ein wenig eifersüchtig, wenn nicht sogar sehr eifersüchtig war, dass ich in der Nacht nicht bei ihr gewesen war. Mir tat das schon leid, allerdings war ich mir auch sicher, dass mein Abend mit Anna ein wichtiger gewesen war. Ich hatte sie gemocht, mich gerne mit ihr ausgetauscht und mich immer gefreut, wenn wir uns sahen. Es gab ja auch eine Zeit, in der ich mehr in unserer Beziehung gesehen hatte als jetzt. Dass zwischen der Prinzessin und ihr kein Funken mehr zünden würde, war mir früh bewusst. Ich erkannte jetzt umso mehr, dass die Fragen, die sich die beiden stellten, zwar oft die gleichen waren, die Antworten allerdings Kilometer voneinander entfernt lagen. Da war Anna, die sich das Feiern und die Umstände als notwendigen Ausgleich zum Alltag zugestand, unumgänglich aber kontrollierbar, mit Disziplin zu organisieren und durchzuziehen, dass sie in ihrem einem zweiten Leben noch immer das Maximum aus sich herausholen konnte. Auf der anderen Seite war die Prinzessin. Mit Selbstsicherheit und Strahlwirkung auf mich und andere, stolz thronend auf dem Berg Ehrerbietung, den ihr das Leben als DJ und herausragende Persönlichkeit ihr zu Füßen legte. Ob sie jemals zu einer Königin werden konnte, das würde sich zeigen. Bis dahin wollte die Prinzessin jeden Tag sich und der Welt zeigen, dass sie ihr adeliges Amt mit Würde bekleiden und ihr Diadem mit Stolz tragen konnte. Nicht nur auf den Floors dieser Welt.

„Aber nächste Woche, nächste Chance“, versuchte ich die Prinzessin aufzumuntern.

„Ja, oder Mittwoch könnten wir auch, wenn wir wollen. Robin hat gefragt, ob wir mittwochs mal wieder in der Frieda spielen wollen. Ach so. Also, Robin war da“, erzählte die Prinzessin. „Mittwochs kann man das doch eigentlich machen. Mittwoch ist Sprittwoch.“ Die Prinzessin grinste mich an.

„Sagt Robin?“, fragte auch ich lächelnd.

„Ja genau.“

„Das können wir schon machen. Gibt das Geld?“

„Mal sehen. Aber wird auf jeden Fall nett.“

„Nice“, sagte ich. „Und wie lange willst du jetzt noch baden?“

„Also mindestens noch zwanzig Minuten. Dann ist das Wasser eh wieder kalt.“

„Okay. Dann komme ich dann wieder und ziehe dir den Stöpsel.“ Ich wollte mich gerade umdrehen, da teilte die Prinzessin noch einen letzten Gedanken mit mir.

„Vielleicht solltest du mal darüber nachdenken in einer WG zu wohnen, das macht sozial kompatibler, Gregor.“

„Ich wohne doch schon in einer WG mit dir.“

„Und, wie ist das so?“, fragte die Prinzessin.

„Wir haben ja nicht mal ein Casting gemacht.“

„Also, als ich Franca gecastet habe, das war witzig. Ich wollte sie verunsichern, um zu sehen was passiert. Wir haben in der Küche gesessen und ich habe versucht eine möglichst lange und peinliche Stille herzustellen. Hat aber nicht geklappt. Franca hat nach zwei Minuten einfach ihr Handy rausgeholt und mir ihre drei Lieblingssongs vorgespielt und ein bisschen was erzählt. Fertig. Da hatte sie mich.“

„Magie, oder was?“, fragte ich nach.

„Auf jeden Fall.“ Die Prinzessin schloss ihre Augen und legte ihren Kopf zurück. Ich verließ das Badezimmer und legte mich ins Bett. Es dauerte nicht lange, bis ich einschlief.

❋

Lachyoga

„Du bist wunderbar! Du bist wunderbar! Yeah!“, riefen gefühlt zehn bis zwanzig Menschen morgens um zehn Uhr durch das Crewcamp. Jetzt war ich wach, obwohl ich noch nicht lange geschlafen hatte. Maximal vier Stunden. Ich wusste es nicht. Ich machte die Augen wieder zu und versuchte, zu ignorieren, was ich gehört hatte. „Sehr gut! Sehr gut! Jaaa!“, hallte es kurz darauf aus Richtung links von mir durch das geöffnete Fenster. Alle lachten.

„Als nächstes versuchen wir, uns mit der Lachnadel zu stechen. Und das geht so: Pieks!“, sagte die erste gut gelaunte weibliche Stimme. „Haha Haha Ha“, die Zweite. Ich rieb mir den Sand aus den Augen und drehte mich auf meine andere Seite. Ich war unendlich müde. Allein das Öffnen der Augen bereitete mir schlechte Laune. Ich schaffte es, nochmals für zehn Minuten zu schlafen, bevor die Workshop-Teilnehmer mit einem imaginären Lach-Cocktail anstießen. „Prost! Hahaha!“ „Zum Wohl! Haha! Haha!“ Es war schon warm im Camper. Die Sonne schien grell hinein und ich versuchte, mich vor ihr unter der Decke zu verstecken. In meinem Kopf versuchte ich, zu rekonstruieren, wie ich ins Bett gekommen war und wann. Aber so sehr ich mich auch bemühte, die Nacht zu verstehen, es wollte mir nicht gelingen. Draußen hörte ich Ludger und die Prinzessin frühstücken und öffnete mit einer Hand langsam die Seitentür.

„Guten Morgen. Guten Morgen“, begrüßte mich Ludger mit einer nicht allzu anstrengenden, eher schonenden Stimme.

„Morgen“, antwortete ich leise.

Einen „Morgen“ wünschte mir auch die Prinzessin. „Du hast ja geschlafen“, sagte sie ziemlich abgeklärt und so, als wäre sie schon lange wach.

„Und wie. Richtig tief. Ich glaube ich muss noch mehr schlafen. Aber ganz schön warm“, sagte ich. Noch immer war ich in meine Decke eingewickelt.

„Ich bin eigentlich auch nur noch wach, weil ich es im Camper nicht ausgehalten habe. Komm raus. Das ist gut. Es ist gar nicht so warm, wie du da drinnen denkst, aber warm genug, dass man nicht friert. Schau her. Ich friere nicht. Ludger auch nicht", sagte die Prinzessin und bestätigte damit meine Vermutung, dass sie noch nicht geschlafen hatte. Wegen ihrer Sonnenbrille konnte ich eh nicht erkennen, ob ihr irgendeine Laune in den Augen stand. Ihren restlichen starren Gesichtsausdruck konnte ich mir jetzt aber umso besser erklären.

„Ich friere auch nicht", fügte Ludger hinzu. „Du kannst ja auch auf der Isomatte hier draußen noch weiterschlafen. Du hast noch Zeit. Ihr spielt erst in vierzehn Stunden."

„Peak Time", sagte die Prinzessin, ohne eine Miene zu verziehen.

„Sehr gut, sehr gut! Jaaa!", hallte es.

„Was ist das?", fragte ich Ludger mit einem genervten Unterton.

„Lachyoga", antwortete er. „Ist gestern ausgefallen, wegen Regen."

In diesem Moment wollte ich kurz jemanden töten. Ich schloss die Augen und fragte mich, warum ich so schlecht gelaunt war. Im Moment darauf war ich von mir selber genervt, weil ich mir so dumme Fragen stellte, auf die ich die Antwort bereits kannte. Mir war glasklar, dass ich weder auf die lachenden Yogisten noch auf die Hitze im Camper sauer war. Ludger konnte auch nichts für meine Laune. Ich war emotional verkatert. Ich machte die Augen wieder auf und beobachtete, wie die Prinzessin sich ein paar Scheiben von einer Gurke auf ein Brot schnitt. Wie konnte sie jetzt etwas essen? Hatten wir gestern Abend nicht das gleiche erlebt? Wäre es nach mir gegangen, hätte man alle Festivalflaggen auf Halbmast setzen und erstmal nur noch halb so schnell tanzen dürfen, wenn überhaupt. Ich drehte mich mit dem Rücken zur Seitentür, schloss die Augen wieder und brummte vor mich hin, als ich mir meine Decke über den Kopf zog.

„Geht es dir nicht gut?", fragte Ludger.

„Ich bin nur müde und bekomme die Augen nicht auf", antwortete ich. „Ich bin am Arsch."

„Zum Glück bin ich niemand, der einem das Offensichtliche unter die Nase hält, aber ich denke, du hast dir ein bisschen zu gut gegeben gestern. Kann das sein?", fragte Ludger weiter.

„Da gehören auch immer mehrere Leute dazu", entgegnete ich und schaute die Prinzessin an.

„Nein. Das stimmt nicht. Da gehört immer nur eine Person dazu", erwiderte Ludger und riss meine Aufmerksamkeit wieder an sich.

„Und die anderen vertragen es anscheinend. Jeder muss seine Grenzen kennen, Gregor", warf die Prinzessin ein. „Mir geht es super. Ich bin topfit", sagte sie in einem Ton, der den Anschein machte, dass es ihr egal war, wie schlecht es ihr ging und wie schlecht es mir ging. „Ich geh gleich an den See. Ich will mich ausruhen vor heute Nacht", sagte sie.

Ich verkroch mich tiefer unter der Decke.

„Also, wenn du was brauchst, dann sag einfach Bescheid", ergänzte Ludger.

„Ich muss einfach nur mehr schlafen", antwortete ich patzig. Ich hatte keine Lust, so schlecht gelaunt zu sein, und ich hatte irgendwie auf Mitleid von der Prinzessin gehofft. Das plötzliche Ende des gestrigen Abends hing mir in den Knochen und im Gegensatz zu ihr schien ich damit beschäftigt zu sein, herauszufinden, warum gestern passiert war, was passiert war. Sie hingegen hatte den Abend noch nicht beendet. Wäre die Stimmung ein Gas gewesen, hätte es jeden Moment zu einer schlagartigen Explosion kommen können.

„Jetzt ist es Zeit für eine kleine Rundfahrt. Und wir fahren mit dem Lach-Express. Stellt euch mal in einer Reihe auf. Am besten immer so drei, vier Leute. Genau. Super. Und los geht die wilde Fahrt. Hahaha Haha", rief die Lachlockführerin. „Und wer es noch lustiger will, fährt jetzt Schlangenlinien." Die Yogis lachten. Mir war danach, mich seelisch zu übergeben.

„Trink mal einen Kaffee, Gregor. Steht auf dem Kocher, das Wasser", sagte Ludger.

„Ich mach mich auf den Weg. Tschüss", sagte die Prinzessin.

Als ich mich wieder umdrehte, konnte ich noch erkennen, wie sie sich den Turnbeutel schnappte, über die Schultern warf und Ludger winkte.

„Bis später!", rief sie.

„Bis später!", rief Ludger.

Mir blieb die Verabschiedung im Hals stecken. Jetzt saß Ludger alleine unter unserem Pavillon, der ihn vor der Morgensonne schützte. Er drehte sich eine Zigarette, zündete sie an und lehnte sich zurück. Ich warf die Decke in den hinteren Teil des Campers.

„Habt ihr euch wohl ganz schön gegeben gestern?", fragte er, während er nach seiner Sonnenbrille auf dem Campingtisch griff.

„Ja. Kann schon sein", antwortete ich mürrisch. „Ich frag mich, wie die das macht. Hat sie etwa die ganze Zeit weitergefeiert? War sie die ganze Nacht unterwegs? Kennt sie denn kein Ende?"

Ludger drehte seinen Kopf zu mir und schaute mich etwas länger an, als man das normalerweise tut.

„Was?", fragte ich.

„Ich glaube, sie hat hier auf dem Stuhl geschlafen. Oder gesessen. Oder beides. Soweit ich mich erinnere, warst du der Einzige, der heute Nacht in den Camper gestiegen ist. Ich habe die Prinzessin erst zum Frühstück getroffen. Da saß sie schon hier auf dem Campingstuhl. Nicht wach. Aber fix und fertig."

„Oh."

„Ja genau. Oh. Was ist denn passiert heute Nacht?"

Ludger stand auf, um mir einen Kaffee aufzugießen.

Er war wirklich fürsorglich. Wir hatten Glück mit ihm. Auch wenn er nur zu seinem persönlichen Vergnügen mit uns gefahren war, erfuhren die Prinzessin und ich gerade, dass Ludger ein guter und manchmal nötiger Puffer zwischen uns beiden sein konnte. Mir war klar, dass er der einzige Mensch auf der Welt war, der irgendwie verstehen konnte, was zwischen der Prinzessin und mir los war. Trotzdem schaffte ich es in diesem Moment nicht, mich ihm anzuvertrauen. Einerseits wollte ich nicht darüber sprechen und auf der anderen Seite war ich mir nicht sicher, wie die Prinzessin darauf reagieren würde, wenn ich mit Ludger über sie sprach. Wenn ich in den letzten Jahren mit einer Person ernsthaft über meine Gefühle und mein Befinden gesprochen hatte, dann war es die Prinzessin selbst. Jetzt mit Ludger über sie zu sprechen, fühlte sich falsch an.

So lange, wie ich jetzt schon nachdachte, war auch die Stille hier gewesen. Und diese schien Ludger schon die Antwort auf seine Frage zu sein. Erst stellte er mir den Kaffee vor die Nase, dann zog er noch einmal an seiner Zigarette, drückte sie aus und setzte sich wieder. Im Zusammenspiel mit dem Kaffee war der Gedanke daran, etwas zu rauchen, der erste wirklich motivierende Gedanke des Tages. Die Tüte, die ich mir in den folgenden Minuten schweigend baute, half mir immens, meinen Kater vorerst in seine Grenzen zu zwingen. Heute war es weniger ein Zittern als ein Wackeln in den Beinen, das etwa in der Mitte des Joints unkontrolliert begann. Der Frühstückstisch unter dem Pavillon war noch immer gedeckt. Es gab Brot und Gemüse, Obst und Aufschnitt. Ludger hatte sich auch mit dem Frühstück Mühe gegeben. Es war besser als in jedem Hotel, allerdings drehte sich mein Magen in alle Richtungen, beim Gedanken daran, etwas zu essen.

„Was denkst du gerade?", fragte Ludger.

„Kennst du dieses Hotelrührei? Der Gedanke daran erinnert mich gerade an so manche Gesichtsausdrücke von gestern Abend", antwortete ich, während ich auf den Campingtisch starrte. „Wenn ich mir vorstelle, dass viele von den Gesichtern jetzt noch immer oder schon wieder tanzen, wird mir echt schlecht."

Ich schloss die Augen und sah vor meinem inneren Auge eine große Gabel Rührei.

„Und ich mag den Hotelkaffee nicht", sagte Ludger. „Das ist von Hotelkette zu Hotelkette unterschiedlich. Die Qualität des Kaffees. Das endet bei mir immer darin, dass ich in jedem Hotel eine andere Anzahl an Kaffee trinken muss, um auf mein gewünschtes Level an Wachheit zu kommen."

„Ich verstehe", antwortete ich.

„Und nicht nur der Kaffee, auch die Ausstattungen der Badezimmer sind immer anders."

„Ja, ganz schön nervig", sagte ich und zog wieder am Joint.

„Und dann immer die Sache mit dem Late Check-Out", sagte Ludger, bevor er merkte, dass ich mich gerade wirklich nicht unterhalten wollte. Er schaute mich an und schwieg.

„Sorry", sagte ich, nach einigen Sekunden peinlicher Stille.

„Kein Ding", antwortete Ludger.

„Die Prinzessin und ich kennen uns ja schon etwas länger als wir beide", sagte ich. „Aber in letzter Zeit erkenne ich Seiten an ihr, die ich bisher noch nicht kannte."

„Wie war eigentlich euer Kurzurlaub? Weder die Prinzessin noch du haben bisher davon geredet. Was habt ihr gemacht? Wie war es?"

„Es war schön. Echt. Wir hatten eine gute Zeit. Es gab da so einen Moment."

„Ja?"

„Wir hatten da eine kleine Unterredung. Eine Klärung, denke ich", dachte und sagte ich gleichzeitig.

„Okay", antwortete Ludger.

„Aber das war nicht die erste Unterredung, die wir hatten."

„Also?“, fragte Ludger, da er wohl erwartete, dass ich irgendein Resümee oder Fazit aus unserem Aufenthalt in Porto ziehen konnte.

„Also. Nichts. Alles wie immer“, antwortete ich.

„Okay“, sagte Ludger. Allerdings klang es so, als wäre es nicht okay. „Aber heute Nacht? Ist da etwas Neues passiert?“

„Ja, das war neu“, sagte ich und gab Ludger damit noch immer keinen konkreten Hinweis. Ich tat mich schwer. „Das war neu und ich hoffe es kommt nicht wieder.“

„Also, ich glaube, damit der Sommer zumindest musikalisch vernünftig läuft, solltet ihr das mal schnell klären. Die Festivalsaison hat ja noch nicht mal richtig angefangen und es gibt jetzt schon so ein Ding zwischen euch, das irgendwie stresst, weil keiner darüber reden will, obwohl beide wissen, dass man darüber reden sollte. Ihr könnt ja machen was ihr wollt, aber ich würde euch raten, klug zu sein.“ Ludger überraschte mich mit dieser präzisen, pointierten und schlauen Aussage am frühen Morgen.

„Ja, ich weiß“, sagte ich.

„Ich fände es gut, wenn ihr beide das klärt. Das bringt nur schlechte Vibes, so ein Mist.“

„Ja, du hast recht und ich stehe gleich auf und dann werde ich die Prinzessin suchen und mit ihr reden“, antwortete ich. Ich wusste aber, dass es keine gute Idee war, die Prinzessin jetzt sofort mit einer Aussprache zu konfrontieren.

Ludger merkte mir meine Zweifel aber nicht an. „Gut“, sagte er und legte seinen Kopf wieder in den Nacken. Wenn er so saß wie jetzt, schien ihm die Sonne genau ins Gesicht und er schien das zu mögen. „Ich räum gleich schon auf. Iss mal was. Trink mal einen Kaffee. Werde erst mal richtig wach.“

„Danke“, sagte ich und setzte mich endlich auf.

„Du bist wunderbar! Du bist wunderbar! Yeah!“, tönte es nebenan.

„Wie lange geht das eigentlich noch?“, fragte ich.

„Das geht eine Stunde und alle finden es gut, außer dir.“

„Sehr gut. Sehr gut. Ja.“, sagte ich leise.

„Gute, gute Laune“, brummte Ludger vor sich hin. „Wir haben gute Laune, denn das ist viel besser. Wir haben gute Laune“, ging es weiter zu irgendeiner Melodie, die er sich wohl gerade ausdachte.

„Warum lachen die eigentlich direkt neben unserem Camp?“, fragte ich.

„Naja, der freie Platz auf dem Crewcamp war gar nicht frei, sondern gehörte zur Workshop-Area. Da stehen wir jetzt drauf. Aber keine Sorge. Ist alles geklärt. Wir dürfen bleiben", antwortete Ludger und schaute mich dabei so ernst und selbstsicher an, dass ich mich nicht traute, weitere Fragen zu stellen.

Nachdem ich den Kaffee ausgetrunken, die Tüte ausgedrückt und mir ein paar Hände Wasser aus unserem Kanister ins Gesicht geworfen hatte, putzte ich mir die Zähne und wechselte mein T-Shirt. Dann konnte ich im Prinzip direkt wieder in die Vollen gehen, da meine Festivalausrüstung gepackt und griffbereit auf dem Beifahrersitz lag. Körperlich fühlte ich mich zwar alles andere als partytauglich, aber depressiv im Camper zu liegen, war keine Option. Ich würde mir schon einen Platz suchen, an dem ich mich erholen konnte.

„Ich geh mal los", sagte ich.

„Nimm dir was zu Essen mit", sagte Ludger und erinnerte mich in dem Moment ein wenig an einen Jugendreiseleiter, der seinen Kiddies ganz cool einen guten Rat mit auf den Weg geben wollte. Trotzig steckte ich eine Banane vom Campingtisch so in meine Gürteltasche, dass sie zur Hälfte aus dem Reißverschluss herausschaute.

„Ja. Danke für den Tipp", sagte ich. „Bis später dann."

„Bis später", sagte Ludger.

Ich stellte mich auf die Lichtung vor dem Crewcamp und ließ mich vom Menschenstrom, der hier entlang in Richtung Festival stapfte, mitreißen. Während ich über die Food- und Shopmeile am Kiosk vorbeilief, dachte ich an Anna, aber konnte sie hinter der Theke nicht finden. Also weiter. Vielleicht war es doch besser, erst die Prinzessin zu suchen? Zum Strand? Oder einfach mal los und schauen was kommt? Alles war anstrengend und keine Entscheidung fühlte sich richtig an. Inzwischen war das Gefühl von gestern auch schon wieder verflogen, alles zum ersten Mal zu sehen. Ich hatte einige Orientierungspunkte, die ich wiedererkannte und an denen ich erkennen oder zumindest abschätzen konnte, wo ich gerade war und wohin ich gehen müsste, um dort anzukommen, wo ich hinwollen würde, wenn ich ein Ziel gehabt hätte.

Nach ungefähr einer Stunde und ein paar Zwischenstopps war ich am anderen Ende des Festivalgeländes angekommen. Vor mir stand ein großes Holzschild mit der Aufschrift „Rodinia". Anscheinend war ich instinktiv der lautesten Klangquelle auf dem gesamten Gelände gefolgt und stand nun am intensivsten Ort, den ich mir zu dieser noch frühen Uhrzeit vorstellen konnte, dem Psy-Trance-Floor. Ich ging einige Meter vor. Es war schon jetzt unglaublich laut. So laut, dass ich das Gefühl hatte, auf dem gesamten halbrunden Floor, der an sechs Punkten von Hochtönern und Bassboxen beschallt wurde, wäre kein Millimeter Platz für irgendetwas anderes als Lautstärke. Die Musik war laut genug, um alle fast ungewollten Gedanken aus meinem Kopf zu verdrängen. Die Lautstärke war alles und indem ich mitten in ihr stand, war ich ein Teil von ihr, ein Teil von allem. Ich hatte das Gefühl, schreien zu können, so laut ich wollte und doch würde an jeder Stelle dieses Floors meine Stimme den Weg aus meinem Mund nicht antreten können, so viel Lautstärke war bereits vorhanden. Ich lief weiter. Die Bass-Drum lief auf geschätzten 145 Beats pro Minute und wummerte im Zusammenspiel mit dem Bass alles weg, was sich nicht an einem der Holzmasten festhielt, die alle paar Meter aufgestellt und mit bunten Stoffbahnen, verziert mit psychedelischen Mustern, verbunden waren. Dazu in Sechzehntel zerschnittene Vocalsamples und Synthies, die große akustische Räume aufmachten, zum Teil verzerrt wie eine E-Gitarre, zum Teil so weich wie eine Popballade. Stampf, stampf, stampf, stampf.

Es waren so viele Menschen da wie momentan auf keinem anderen Floor des Festivals. Bestimmt zwei- oder dreihundert. Und sie tanzten auf allen Ebenen, die der Floor zu bieten hatte. In allen Ecken und Winkeln hingen Leute ab. Dann ein Break. Eine heruntergepitchte Stimme erzählte etwas von Music und Feelings und Happiness und Joy. Dann wieder ein Kettensägensynthie, der sich steigerte und im selben Rhythmus wie eben endete. Wieder sechzehn Takte Beat. Wieder ein Break. Dödödödödödödödödödö. Dödödödödödödödödödö. Ein musikalisches Gewitter inklusive Blitzen und Donnern. Frauen in Spaghetti-Tops rissen die Arme in die Höhe und sprangen von einem Bein auf das andere. Das nächste Vocal war nicht zu verstehen, man erkannte nur, dass das mal Worte waren. Ich ging einige weitere Schritte vor und stand nun fast in der Mitte des Floors. Vorne links standen in voller Montur drei Zimmermänner, die ich hier irgendwo schon mal gesehen hatte.

Sie schienen sich gerade zu unterhalten. Kaum vorstellbar bei der Lautstärke. Einer wippte mit dem Fuß, als stünde er auf einem Jazzkonzert. Der zweite stand daneben und schaute den DJ an. Beide trugen eine dunkle Sonnenbrille und hatten ein Bier in der Hand. Der Dritte hatte sich gerade auf eine Erhöhung an die Seite gesetzt, um ein Pulver auf seinem Handy zu verteilen. Ich wanderte weiter nach vorne. Ich hatte Angst um meine Ohren. Mein Becher, den ich mir irgendwo auf meinem heutigen Weg geholt hatte, war schon lange leer. Das war schlecht. Als ich vor dem DJ-Pult angekommen war und über die Plexiglasscheibe schaute, die die Technik von der Kante abgrenzte, auf der alle ihre Becher stehen ließen, schaute der DJ mir in die Augen. Für einen kurzen Moment glaubte ich, dass sie sich einmal vertikal um 360 Grad in seinem Kopf drehen würden. Sie waren so weit aufgerissen und mit so viel weißer Glibbermasse ausgefüllt, dass man kaum noch erkennen konnte, wo der Rest seines Augeninneren gerade war. Er fing an zu grinsen und schaute wieder auf seine Player herab. Dann suchte er nach dem nächsten Track und ich fragte mich, ob es wirklich einen Unterschied machen würde, welchen Track er als Nächstes spielte. Ich drehte mich um und sah, dass ich offensichtlich der Einzige hier war, der so dachte. Immer mehr Menschen füllten den Floor. Die Ekstase war greifbar. Nicht für mich, aber für alle anderen. Hätte ich ein leeres Baggy mit funktionierendem Vakuumverschluss dabeigehabt, hätte ich die Ekstase einpacken und der Prinzessin eine Tüte damit bauen können, wenn ich sie später wiedersah. Gleich nachdem ich mir das Spektakel hier zu Ende angeschaut hatte, würde ich zum Strand gehen, dachte ich mir. Das konnte es ja jetzt auch nicht sein, dass ich jetzt Zeuge des musikalischen Weltuntergangs wurde und den in mir gärenden Konflikt ignorierte.

Während ich den Floor und das Tanzen betrachtet hatte, war einer der Zimmermänner auf mich zu gekommen und stand mir jetzt mit einem Mal direkt gegenüber. Ich erschreckte mich.

„Ja Moin!“, rief er. Das konnte ich zur Hälfte hören und zur anderen Hälfte von seinen Lippen lesen. Ich merkte sofort, dass auch er mir auf die Lippen schaute, wenn ich etwas sagen, beziehungsweise schreien wollte.

„Hi“, rief ich.

„Du siehst ja schon ein bisschen bedröppelt aus mit deinem leeren Becher. Alles gut? Willst du einen Schluck?“ Er hielt seinen Becher so über meinen, dass er etwas hätte umfüllen können, wenn ich es ihm bestätigte. Das bedröppelt nahm ich ihm nicht übel. Ich konnte mir vorstellen, wie ich aussah. Wahrscheinlich so, als wäre ich von gestern. War ich ja eigentlich auch. Müde. Bekifft. Angetrunken. Keinesfalls ausgeschlafen. Alles Mögliche. So musste ich aussehen. In einen Spiegel hatte ich ja schon lange nicht mehr geschaut.

„Ja klar“, antwortete ich. Er neigte den Becher und teilte sein restliches Bier in zwei gleich große Hälften auf.

„Ja dann Prost. Ich bin Alex“, rief er.

„Prost. Gregor. Und danke“, rief ich und bemühte mich, ihn dabei anzulächeln. Es tat weh, die Mundwinkel nach oben zu ziehen.

„Komm mal mit“, rief Alex, als der nächste dicke Bass aus den Boxen wummerte. Nach ein paar Schritten kamen wir bei den anderen beiden Zimmermännern an, welche sich inzwischen um das Pulver-Handy versammelt hatten.

„Willst du ` ne Nase Speed?“, fragte Alex.

Vor mir lag der größte Haufen Speed, den ich seit langem gesehen hatte. Ich war mir nicht mal sicher, ob ich jemals schon einen so großen Haufen Speed auf einem Handy liegen gesehen hatte.

„Ist das denn gut?“, fragte ich in die Runde.

„Das brennt“, sagte der zweite Zimmermann. „Aber ist gut! Ist frisch!“

Der dritte Zimmermann, der die ersten drei Lines gelegt hatte, bereitete jetzt noch eine Vierte aus dem noch immer viel zu großen Speedbestand vor. Dann zog er. Dann der Zweite. Dann Alex. Der nächste Break steigerte sich in das übertriebenste Soundgewitter des Vormittags. Ich holte mein Ziehrohr aus der Brusttasche und zog die letzte Line, die auf dem Handy für mich liegen geblieben war. Ich hob den Kopf. Der Drop droppte. Der Bass basste. Modus: On!

„Das ist so gar nicht meine Musik“, sagte ich.

„Nee? Und was machst du dann hier?“, fragte Alex.

„Ich wollte eigentlich nur spazieren gehen. Und ihr? Seid ihr auf der Walz?“

„Wir sind auf der Walz, ja. Und wir sind noch wach, ja.“

„Geil.“

Alex erzählte weiter: „Also wir haben halt hier am Floor mitgebaut. Deshalb sind wir hier."

„Ach so. Krass", antwortete ich. „Wie lange habt ihr denn gebaut?"

„Wir sind jetzt seit zwei Wochen hier, ja."

„Ja, aber geht das denn überhaupt mit der Walz? Müsst ihr euch da nicht fernhalten von Strom und fließend Wasser?" Alex schaute mich ungläubig an. Ich hatte wohl gerade ein Bild von Zimmermännern gezeichnet, was gegen jede oder zumindest gegen ihre Vorstellung von einer Walz sprach. Das dachte ich mir zumindest so, da ich ja überhaupt gar keine Ahnung davon hatte, was es bedeutete, auf der Walz zu sein.

„Und du?", fragte Alex am Ende seines langen, starren Blickes.

„Ich nicht. Aber ich find geil, was ihr macht."

„Aha. Woher weißt du denn, was wir machen?"

„Also ich stelle mir das eigentlich ein bisschen so vor wie Messebau. Aber ohne Zivilisation."

„Naja. Also weißt du, Messebau ist wie Bundeswehr, nur ohne Krieg, ja. So oder so."

„Ja, guck mal, dann hatte ich ja gar nicht mal so recht."

„Nee. Kein bisschen!", rief Alex und lachte.

Der Zimmermann, der die Lines gelegt hatte, begab sich jetzt daran, das Pulver wieder in ein Baggy zu packen und die mobile Ziehstation wieder zurückzubauen. Das konnte etwas dauern. Es sah nach einer Herausforderung aus. Ich sparte mir den Sinn des Pephaufens anzusprechen. Sinn. Das war gerade sowieso ein komisches Wort. Sinn.

„Das ist aber auch so wirklich gar nicht meine Musik" eröffnete ich das Gespräch dann wieder.

„Aber was machst du denn dann hier?"

„Ich gehe eigentlich nur spazieren. Und ihr?"

„Wir sind auf der Walz. Erinnerst du dich?"

„Keine Ahnung. Ja, ich glaube schon."

„Suchst du denn irgendwas?"

„Also im besten Fall einen Rave", sagte ich.

„Der Rave ist immer jetzt, mein Freund. Der Rave ist immer hier", rief Alex und verwirrte mich. Wo war ich hier nur gelandet?

„Und macht ihr das schon lange?", fragte ich. Alex schaute mich fragend an.

„Das mit der Walz oder das mit dem Rave?“ Ich konnte erkennen, wie die Gedanken langsam durch Alex Kopf fuhren und er darüber nachdachte, ob er das, was er machte, schon lange machte. Keine Ahnung, ob er über dieses Festival, diesen Tag oder sein Leben nachdachte. Irgendwie gefiel es mir aber auch, dass er die Frage vielleicht von so vielen Seiten beleuchtete. Es vergingen ein paar weitere Sekunden, bis Alex antwortete. „Ja.“

Er nickte. Ich nickte.

„Was habt ihr denn gebaut?“, fragte ich.

„Wir haben alles gemacht, was mit Holz zu tun hat. Also wir drei haben hauptsächlich die Masten hier aufgestellt. An der Bühne haben wir auch ein bisschen mitgemacht. Vielleicht kommst du ja noch auf den Geschmack mit der Musik. Versuch das doch mal halb so schnell zu hören.“ Ich versuchte, die Musik halb so schnell zu hören. Das hatte ein gewisses Etwas, war aber trotzdem nervig. „Das ist wie beim Drum and Bass“, sagte Alex und trank sein restliches Bier in einem Zug aus. Die beiden anderen hatten bereits ihre Taschen gepackt und warteten nur noch darauf, dass er sich ihnen anschloss. „Ich glaub, wir gehen jetzt“, sagte Alex.

„Wohin denn?“, fragte ich.

„Ich glaub schlafen“, sagte Alex.

Ich wusste, dass ich das nicht verstehen musste. Irgendwie dachte ich mir auch schon, dass das wohl eher ein Wunsch von ihm war als, das was wirklich passieren würde. „Ja, klar. Ok, cool. Dann viel Spaß noch! Und danke.“ Wir gaben uns die Hände und die Zimmermänner gingen ihrer Wege.

„Wir sehen uns in der Zukunft, ja!“, rief mir einer der beiden anderen noch zu. Kreativ. Oder auch nicht. Nur wenige Minuten später brach auch ich auf. Ich fragte mich, ob ich jemals wieder vernünftig würde hören können.

Ein paar Meter vom Floor entfernt setzte ich mich auf eine Bank. Ich schaute direkt auf einen Wegweiser. „Bar“, „Rodinia“, „Hafen“, „Strand“ und „Zirkus“ waren hier ausgeschildert. „Strand“, sagte ich laut zu mir selbst. Meine Kiefer mahlten und ich kramte in meiner Brusttasche nach einem Kaugummi. Aber da war nichts, auf dem ich hätte herumkauen können. Ich schaute von dem kleinen Hügel, auf dem meine Bank stand, herab auf eine Weggabelung, auf der reges Treiben herrschte. Ging man hier entlang, gelangte man irgendwann wieder an den See und zum Main-Floor und somit mit Sicherheit auch irgendwie wieder zum Strand. Da musste ich lang. Als ich gerade wieder wegschauen wollte, sah ich, wie Anna aus dem Wald heraus über die Lichtung in meine Richtung gelaufen kam. Als sie ihren Kopf hob, schaute sie mich direkt an, so als hätte sie vorher schon gewusst, dass ich hier sitze. Sie lächelte und ihr Schritt schien nun noch ein wenig motivierter zu sein.

„Guten Morgen, na? Bist du schon aufgeregt?", rief sie, als sie endlich in meiner Hörweite angekommen war.

„Also, im Moment bin ich vor allen Dingen wach. Guten Morgen."

„Oh. Schon?"

„Ja, das ging schnell heute."

„Ich verstehe. Ja, bei mir auch. Ich habe heute den ganzen Tag frei. Ey, wir waren gestern noch so lange unterwegs. Ich habe dann eben nochmal zwei, drei Stunden geschlafen. Aber jetzt ist Endspurt. Und bei dir?"

„Ich bin am Start", sagte ich. „Hast du ein Kaugummi?"

„Auf jeden Fall", antwortete Anna. Sie war in irgendeinem Modus, in dem sie so sprach wie eine völlig abgedrehte Hollywood-Diva und gestikulierte wie ein Model bei einer Luxus-Modenschau. „Und euer Gig? Wann ist der jetzt?", fragte sie.

„Zwei Uhr. In den Kronen. Heute Nacht."

„Geil, ich bin auf jeden Fall da."

„Stark."

„Ja cool. Was machst du denn hier?"

„Ich geh spazieren gerade. Ich mache gerade Pause."

„Ja, geil. Also ich geh jetzt kurz pinkeln und dann gehe ich wieder zurück zum Main-Floor. Willst du mit?"

„Geil. Ja, klar. Da muss ich eh hin. Ich muss zum Strand. Ich muss die Prinzessin finden."

„Ja, geil. Ich hol dich hier ab, gleich."

„Geil."

„Bis gleich."

„Cool. Bis gleich."

Während ich auf Anna wartete, beschäftigte ich mich damit, das Kaugummi in einen perfekten Kau-Algorithmus einzugliedern. Es gelang mir, indem ich das Kaugummi in meinem Mund immer von oben rechts nach unten links fallen und rotieren ließ. Ich formte eine Kugel, dann wieder einen Streifen. Das lief gut. Das lief wirklich gut. Anna kam mich, wie versprochen, an meinem Platz abholen, als ich gerade kurz davor war, die Kaurichtung zu ändern. Das war auch gut. Keine Experimente. Ich hatte während ihrer Abwesenheit außerdem Zeit gehabt, eine Tüte zu drehen. So langsam wurde ich wieder fit und kam in Fahrt.

„Wo sind die beiden anderen denn?“, fragte Anna, nachdem wir nur wenige Schritte gegangen waren.

„Die Prinzessin wollte erstmal alleine losziehen. Ludger ist noch am Camp oder war zumindest länger da als ich“, sagte ich. Als ich mir selbst dabei zuhörte, merkte ich erst, wie wenig Lust ich hatte, zu beschreiben, warum wir gerade nicht zu dritt unterwegs waren.

„Ach so“, antwortete Anna vorsichtig.

„Wieso fragst du?“

„Nur so. Ihr beide hängt ja zumindest immer miteinander rum, oder nicht?“

„Es ist auf jeden Fall nicht weniger geworden, wenn du das meinst.“

„Ja, aber das wolltet ihr ja auch so.“

„Na klar. Ja, das gehört dazu“, sagte ich, während wir uns immer weiter vom Trance-Floor entfernten und meine Ohren spürbar entspannten.

„Ja. Das sieht man“, sagte Anna und blieb kurz stehen. Für diesen Moment standen wir uns mitten auf dem Weg gegenüber und schauten uns in die Augen.

„Ja?“, fragte ich.

„Das kannst du ja gar nicht merken, aber wenn man von außen drauf schaut, auf euch beide, dann merkt man schon, dass da etwas gewachsen ist. Das sieht gut aus. So, als ob das so gehört.“

„Ja, ich glaube das gehört so“, antwortete ich und wir gingen weiter.

„Das freut mich für euch beide“, sagte Anna und hielt Schritt.

„Was hast du heute denn schon gemacht?“, fragte ich, um das Thema zu wechseln.

„Wenn ich dir das sagen könnte. Ich war erst da und dann da.“ Anna zeigte in alle möglichen Richtungen. „Ich bin auf jeden Fall schon wieder viel zu lange unterwegs. Also diese zwei Stunden

Schlaf. Das war eher so ein Rumliegen. Aber es geht noch was. Ich habe noch Bock."

Wir kamen gerade am Zirkuszelt vorbei, an dem sich eine Jonglage-Crew zusammengefunden hatte. Es flogen Keulen, Bälle, Diavolos und Tücher zu Musik, die der auf dem Trance-Floor ähnelte, aber trotzdem einfacher zu verdauen war, wahrscheinlich weil sie in einer humanen Lautstärke lief.

„Willst du etwas trinken?", fragte ich und Anna bestätigte mit einem schnellen Blick. Ihre Aufmerksamkeit wurde nämlich eigentlich gerade von einem quadratischen Käfig auf sich gezogen, der am Wegesrand aufgebaut war.

„Gregor. Ein Bällebad", sagte sie, als ich mich gerade auf den Weg zur nächsten Theke aufmachen wollte, die direkt neben dem Zirkuszelt war. „Ein Bällebad", wiederholte sie.

Bei dem Wort „Bällebad" schienen in Annas Gehirn eine ganze Reihe Sicherungen durchzubrennen. Ungehalten zog sie mich auf einmal an der Hand schnurstracks in Richtung des zusammengesteckten Metallkastens, welcher vielleicht einen Meter hoch und drei bis vier Meter breit und tief war. Die Seitenteile waren geschweißte Gitter. In dem Käfig mussten einige tausend Plastikbälle eingesperrt sein. Über eine Leiter konnte man an einer Seite hinaufklettern.

„Komm schon. Rein da!", rief Anna begeistert.

„Geh schon mal. Ich hol noch eben was zu trinken", antwortete ich. Auf meinem Weg zur Theke fiel mir wieder ein, dass ich ja eigentlich zum Strand unterwegs war. Irgendwie verspürte ich noch immer keine Kraft, um Anna hier zurückzulassen und mich dem ernsthaften Gespräch mit der Prinzessin zu stellen. Ich nahm die Ablenkung, die mir Anna hier bot, an, um mich vor dem Treffen mit der Prinzessin zu drücken.

„Schuhe aus steht da!", rief ich, als ich mit zwei mit Bier gefüllten Bechern auf das Bällebad zukam. Da war Anna allerdings schon längst über die Leiter hochgeklettert, über das Gitter gesprungen und in dem bunten Plastikmeer gelandet.

„Was stehst du denn da so? Komm rein!"

Ich konnte von der Seite beobachten, wie Anna immer tiefer im Bällebad versank. Sie war die einzige Schwimmerin hier und es hatte noch niemand sonst ein Handtuch an den Beckenrand gelegt.

„Ich habe aber noch die Tüte in der Hand. Und das Bier."

„Ja, jetzt los doch. Nimm mit, die rauchen wir hier drinnen." Anna tauchte ab.

Ich kletterte die Leiter am Rand des Bades hoch, nachdem ich Bier und Tüte sicher am Beckenrand gelagert hatte. Ich musste wie ein Rentner gewirkt haben, der sich vor dem Schwimmen erst noch akklimatisieren wollte, als ich langsam rückwärts in das Bad stieg, erst die Füße und dann die Beine immer tiefer hineinhielt und schließlich feststellte, dass die Leiter zu Ende war. Mit einem kleinen Sprung begab auch ich mich in das Plastikbad und versank nach und nach. Die Bälle standen mir etwa bis zur Hüfte, als meine Füße den Boden erreichten. Plötzlich tauchte Annas Kopf wieder vor mir auf. Wir standen uns gegenüber und sie lächelte breit.

„Hallo", sagte sie gut gelaunt.

„Hallo", antwortete ich leise und lächelnd. Sie stand nur wenige Zentimeter vor mir. Dann machte sie ein paar große Schritte zum Beckenrand, wo sie unser Bier und den Joint abholte und schließlich in die Ecke des Bads, die von ein paar Ästen überdacht war.

„Es ist halt schon scheiße viel Plastik", hörte sich Annas Stimme dann aber schnell etwas ernüchtert an, als wir unsere finalen Sitzpositionen gefunden hatten. Nebeneinander an eine der Wände gelehnt, um uns herum Bälle. Die Köpfe und Hände ragten noch gerade so heraus.

„Aber vielleicht ist es ja Bio-Plastik", überlegte ich laut.

„Was soll denn Bio-Plastik sein?", sagte sie, griff nach der Tüte und zog mehrmals. Dann gab sie mir die Tüte zurück.

„Plastik aus Maisstärke." Ich zog an der Tüte. Dann nochmal, dann nochmal. Es war mehr das Nikotin, nach dem ich im Moment aus wahr. Ich merkte wahrlich, wie es durch meine Arme kribbelte und mich spürbar noch wacher und aufmerksamer machte.

„Oder recycelt. Vielleicht waren das ja mal Waschmittelflaschen oder Ohrstäbchen", sagte Anna.

„Willkommen in der Plastik-Lounge", sagte ich und zog noch einmal. Dann reichte ich Anna den Joint wieder herüber.

„In der Plastik-Lodge", sagte Anna und zog und gab mir die Tüte sofort wieder zurück. „Ich glaub, ich hab genug."

„In der Plastik-Loggia", erwiderte ich und zog erneut am Joint.

„Oder in der Plastik-Loge", sagte Anna.

„Das loge ich mir", sagte ich und zog ein letztes Mal.

„Loungenswert", sagte Anna und fing auf einmal an unkontrolliert zu lachen.

In mir triggerte die Tüte in Verbindung mit dem Pep von eben Gedankengänge und Hirngespinste, die so keinen Sinn ergaben, aber einer nach dem anderen unkontrolliert erst durch mein Hirn, dann auf meine Zunge und schließlich aus meinem Mund herausströmten. Auch bei Anna schien das Kiffen irgendetwas angestoßen zu haben, was sie reden ließ und reden ließ und reden ließ und reden ließ. Erst als uns keine weiteren Wortspiele einfielen, die mit einer Lounge oder Loge zu tun hatten, kehrte ein wenig Ruhe ein.

„Also. Man sieht schon krass, dass da was ist zwischen euch beiden", sagte Anna dann auf einmal. „Sorry, aber das ist unübersehbar und ich wollte es einfach mal gesagt haben. Ich finde es ja auch gut. Ich freu mich für dich, dass ihr noch immer dran seid und, dass es ja auch noch immer weitergeht und anscheinend ja auch wirklich erfolgreich. Glückwunsch." Anna lächelte.

„Danke. Aber was heißt das denn? Etwas zwischen uns?"

„Das weiß ich ja nicht. Ich dachte das erzählst du mir jetzt."

„Also, ich bin mir da gar nicht so sicher", sagte ich in einem eher murmelnden Ton. „Also klar. Die Musik und das, das läuft. Aber zwischen uns ist es irgendwie, ich weiß nicht."

„Ach so. Okay. Ich hatte das anders verstanden oder gesehen." Anna schaute durch die Gegend. „Aber bist du denn glücklich gerade?", fragte sie.

„Ach, glücklich ist jetzt auch so ein Wort. Es ist Sonntag früh und wir sind auf einem Festival."

„Du weißt aber, was ich meine", rückversicherte sich Anna.

„Ja, schon. Also ich bin zufrieden, wie es läuft."

„Zufrieden. Aha", Anna war wohl davon ausgegangen, dass ich ihr jetzt davon erzählte, wie gerade alles in meinem Leben durchstartete. Ich überlegte, ob ich sie enttäuschte, da ich davon nicht erzählte. „Bist du dir denn noch sicher, dass das was ihr macht, das Richtige ist?"

„Das Gespräch hatten wir doch schon einmal. Oder zweimal?", fragte ich und bemerkte, wie ich dabei ein wenig patzig wurde. Das tat mir leid, aber kontrollieren konnte ich es gerade auch nicht. Ich merkte, wie Anna genau wie damals hinterfragte, was ich tat.

„Du, es tut mir ja leid, dass ich dir nicht sagen kann, dass wir gerade unseren Durchbruch haben und die Kohle unseres Lebens verdienen und obendrauf noch…"

„…zusammen seid", unterbrach Anna mich.

„Nein, das sind wir nicht", betonte ich, indem ich die Worte des Satzes langsam und deutlich nacheinander aussprach.

„Ja, ich weiß. Ich habe es gemerkt", antwortete Anna ebenso deutlich. Es entstand eine kurze Pause.

„Und jetzt?", fragte ich.

„Ja, was und jetzt? Ist mir doch egal, ob ihr zusammen seid. Aber kann man doch mal fragen."

„Es hat sich halt gerade so angefühlt, als ob du das von mir oder uns erwartet hättest", sagte ich.

„Ja, da bin ich auch irgendwie von ausgegangen."

„Na gut. Okay. Also." Ich machte eine Pause und dachte nach. „Also ich will das auf jeden Fall."

„Das hier", sagte Anna. „Das willst du?"

„Ja genau. Ich will jetzt gerade hier auf diesem Festival sein. Ich will heute Abend hier auflegen. Mit der Prinzessin zusammen."

„Okay gut. Und danach? Willst du das, was danach kommt auch?"

„Hey Anna, nichts für Ungut, aber das sind genau dieselben Fragen wie damals schon."

„Ja und die haben dich an dem Abend auch schon gestört." Unser Gespräch war an einen toten Punkt gekommen. Und wir beide wussten genau, woran das lag. Wir waren an dem Punkt, an dem ich hätte sagen müssen, dass das alles hier nicht das war, was ich wollte. So fühlte es sich zumindest an. Ich glaubte, dass Anna genau so etwas von mir hören wollte. Ich glaubte, dass das der einzige Weg war, um sie in diesem Punkt zufriedenzustellen.

„Also, seitdem ich wieder in Deutschland bin, überlege ich schon hart hin und her, ob ich jetzt bleibe oder nicht."

„Und was ist die Frage, an der es scheitert?"

„Scheitert? Es scheitert an gar nichts. Ich komme nur zu keiner Antwort. Also ich glaube, ich bräuchte einfach ein paar Anker. Ein paar Punkte, von denen ich wüsste, dass ich die sicher habe, wenn ich wieder hierherkomme."

„Zum Beispiel?", fragte ich.

„Ach. Weißt du, vielleicht ist das auch gerade einfach der falsche

Zeitpunkt. Wie du schon sagst. Sonntagmorgen. Vielleicht reden wir darüber, wenn wir uns zu Hause sehen? Nach dem Festival? Ich werde auf jeden Fall noch ein paar Tage da sein", sagte Anna.

„Ja, klar. Das können wir machen", antwortete ich. Eine Stille machte sich breit, von der ich mir nicht sicher war, ob sie unangenehm oder vertraut war. Irgendwann begann Anna in ihrer Tasche zu kramen und etwas zu suchen.

„Weißt du, ich hatte mir das eigentlich schon so gedacht, dass ihr beide zusammenkommt und auch, als ich gesehen habe, dass ihr hier spielt, da hatte ich mich schon auf so eine Situation eingestellt. Das ist jetzt irgendwie komisch. Voll strange." Anna kramte weiter in ihrer Tasche. „Ich hatte gedacht, dass du irgendwann hingehst zur Prinzessin und ihr sagst, was Phase ist, dass du dich öffnest oder sowas. Dass du zu dir und deinen Gefühlen stehst."

„Also bis gestern Abend war ich mir auch ehrlich gesagt ziemlich sicher, dass das zwischen uns beiden etwas wird."

„Aber dann?", fragte Anna.

„Dann war der Moment auf einmal vorbei. Und jetzt sitze ich hier im Bällebad, obwohl ich eigentlich auf der Suche nach der Prinzessin bin. Eigentlich wollte ich mit ihr sprechen und wissen, was gestern passiert ist und warum."

„Dabei warst du immer derjenige von uns beiden, der vom Schicksal gesprochen hat und davon, dass alles seine Zeit hat", sagte Anna und ich konnte nichts von dem abstreiten, was sie sagte. Sie hatte fertig gekramt und inzwischen ein Baggy mit Ecstasy-Pillen in der Hand. Fragend hielt sie eine halbe der Pillen vor mein Gesicht.

„Der Tag ist noch gar nicht so alt", sagte ich und merkte, wie sich meine Stirn in Falten legte.

„Was willst du mir denn damit sagen?", fragte Anna in einem Ton, der klarstellte, dass sie mit meiner Antwort auf gar keinen Fall einverstanden war. „Das ist doch das, was du willst, oder was?", sagte sie und ihr Ton wurde herausfordernder.

„Ey, ich muss auch ein bisschen vernünftig machen. Ich muss die Prinzessin eigentlich noch finden. Wir müssen noch was bereden. Vor dem Gig."

„Ja. Klar. Könnt ihr ja. Ich komme mit. Wir suchen die einfach gleich zusammen", antwortete Anna in einem ironischen, fast sarkastischen Ton und schluckte die halbe Pille, die sie mir eben noch gezeigt hatte. Genauso schnell, wie das passierte, hatte sie eine zweite halbe Pille aus dem Baggy geholt. „Bist du denn jetzt eigentlich gerade verliebt?"

„Verliebt", wiederholte ich.

„Also ich denke ja immer, dass wir die erste Generation auf der Welt sind, die für sich selber wirklich nichts mehr schaffen muss, oder? Wir haben doch schon alles", fuhr sie fort, ohne mir wirklich die Zeit zu geben, die nötig gewesen wäre, um vernünftig auf die erste Frage zu antworten. „Und vor lauter Entertainment bemerken wir gar nicht mehr, dass wir nicht mehr klarkommen. Siehst du das nicht? Wenn du verliebt bist, ist das das Beste, was dir passieren kann. Das ist echt. Aber du merkst schon gar nicht mehr, was echt ist und was nicht, kann das sein?", fragte Anna weiter.

„Voll die scheiß Frage. Lass mal nicht jetzt deeptalken", erwiderte ich.

„Zu spät. Willst du das Ding haben oder nicht?", stellte Anna mich vor die Wahl. Dann schaute sie mir lange in die Augen, bevor sie weitersprach. „Als du damals aus der Bahn gestiegen bist, nach der letzten Open-Air, da sind mir die Tränen gekommen. Ich hatte mir gewünscht, dass du sitzenbleibst."

„Als ich ausgestiegen bin, war ich kurz davor, wieder einzusteigen. So war das nämlich. Aber das weißt du natürlich nicht. Ich habe noch ein paar Minuten dagestanden und überlegt, ob das ein Fehler war, dich einfach so fahren zu lassen, ohne wenigstens nochmal mit dir darüber zu reden, ob und was das zwischen uns war. Ich glaube, du hättest dir gewünscht, dass ich mit dir komme. Habe ich recht?"

Anna schaute mich verlegen an. „Nein. Das nicht. Den Moment hast du verpasst. Ich wusste, dass es nichts wird mit uns, als das mit der Prinzessin angefangen hat. So, jetzt habe ich es gesagt."

„Das tut mir leid", sagte ich. „Das tut mir echt leid. Ich habe schon irgendwie gemerkt, dass ich mich entscheiden musste, aber wie du sagst. Ich glaube, da war es einfach schon zu spät. Du warst ja im Prinzip schon weg."

Anna schaute gen Zirkus und ich erkannte, wie sie ein paar der Akrobaten dabei beobachtete, wie sie ihre Keulen in die Luft warfen und wieder fingen. „Da war es schon viel zu spät", fügte sie an. „Und sag mal, warum feierst du eigentlich noch? Du sitzt noch immer hier und ballerst dir deine letzten Reste an Verstand weg."

Anna war ihre Enttäuschung ins Gesicht geschrieben. „Vielleicht habe ich mich auch einfach vertan bei uns beiden." Jetzt schaute sie mir wieder ins Gesicht. Ich setzte mich auf, nachdem ich in den letzten Minuten nach und nach in den Bällen um uns herum versunken war, räusperte mich und versuchte, dem Gespräch wieder eine klare Linie zu geben.

„Also ich feiere, weil das Leben, wenn wir alt sind oder mittelalt oder vielleicht auch schon morgen, so scheiße sein wird, dass es gar keinen Spaß mehr machen wird, zu feiern. Oder weil es gar nicht mehr gehen wird, irgendwann", sagte ich und griff nach der halben Pille, die Anna noch immer in ihrer Hand hielt, zwar nicht mehr so herausfordernd direkt vor meiner Nase, aber dennoch so, dass ich sie nehmen konnte, wenn ich wollte. Ich steckte sie in den Mund und spülte sie mit einem kräftigen Schluck Bier herunter.

„Wieso soll das denn keinen Spaß mehr machen?", fragte sie. „Dir macht das doch immer Spaß."

„Und ist das falsch?", fragte ich. Inzwischen hatte sich unser Gesprächston wieder auf normal eingepegelt.

„Ach Gregor, die Zeit zu feiern ist zu Ende. Schon lange."

„Und welche Zeit ist dann jetzt?"

„Ist das eine ernste Frage?", schaute mich Anna zweifelnd an.

„Hey, du schmeißt dir ein Teil, gibst mir die Hälfte davon und erklärst mir dann, dass die Zeit zu feiern vorbei ist."

„Ich finde, so langsam ist die Zeit dieses naiven Optimismus der Neunziger Jahre einfach vorbei", sagte Anna.

„Ja, da sind wir uns ja einig. Das sehe ich auch so."

„Und findest du nicht, dass es so langsam echt mal an der Zeit ist, damit anzufangen die Welt zu retten, oder so?"

„Ich warte ehrlich gesagt eher darauf, dass die Welt untergeht. Ich glaube, da gibt es nicht mehr viel zu retten. Wenn wir die Generation sind, die nichts mehr schaffen muss, dann können wir doch auch feiern", sagte ich.

„Wenn wir die Generation sind, die nichts mehr schaffen muss, dann sollten wir das den Generationen nach uns auch ermöglichen", sagte Anna. „Aber du willst feiern. Na toll." Sie stand auf, lief langsam wieder zum anderen Ende des Bades und stieg über die Leiter aus. Dabei kamen ein paar Bälle mit ihr, die sie noch zurückwarf, während auch ich das Bad verließ. Jetzt standen wir uns gegenüber. Noch hatte keine der Pillen gezündet. Es waren spürbar die letzten Minuten, die wir in einem noch klaren Modus miteinander hatten.

„Geh mal und such deine Prinzessin", sagte Anna und legte mir dabei eine Hand auf die Schulter. „Das können wir ja alles noch zu Hause besprechen. In einem Nicht-Festival-Modus."

„Ist gut", antwortete ich knapp. Ich war ernüchtert von unserem Gespräch. Ich hatte mir etwas Versöhnlicheres erhofft, etwas, was mich nicht so ratlos zurückgelassen hätte. Aber anscheinend war genau das hier Annas Antwort auf meine Fragen. Ein halbes Teil und eine Verabschiedung mit einer Hand auf der Schulter. Jetzt war das aber auch egal. Spätestens in einer halben Stunde, wenn die Pille klatschte, war alles egal.

„Also bis bald. Wir fahren heute Nacht noch nach Hause", sagte ich, irgendwie in der Hoffnung, dass auch Anna mir sagen würde, wann sie nach Hause fahren und wir uns wiedersehen würden. Sie schaute mich an, schloss dann ihre Augen, um tief durchzuatmen, die Augen dann wieder zu öffnen und mich vor dem Bällebad stehen zu lassen.

❋

Crossgolf

Kurz bevor ich wirklich ernsthaft damit anfing, mir eine Deadline für den Beginn meines Detox zu überlegen, zeigte sich gerade, dass die Musik für die Prinzessin und mich mehr als nur Hobby, nämlich Beruf werden könnte. Das motivierte uns ungemein und trotzdem fühlte es sich schnell so an, als hätten wir kein zu Hause mehr, so losgerissen waren wir auf einmal von unserem bisherigen sozialen Umfeld, von den Menschen, den Orten und unseren Wohnungen. Wir schliefen in Zügen, wuschen uns an Raststätten, steckten die Gagen ins Benzin. Kein Weg war zu weit, kein Tank war zu leer. Keine Ahnung, woher wir so viele Leute kannten, die uns spielen ließen. Aber irgendein Rave war immer irgendwo und für die An- und Abreise hatte die Gage am Ende noch immer gereicht. Wir waren allein unter Fremden und umso froher darum, dass wir immerhin uns inzwischen sehr gut kannten. An einem Vormittag nach so einem Gig standen die Prinzessin und ich auf einem Feldweg am Rande der Stadt. Wir hatten noch Zeit zu überbrücken, da unser Zug erst am Nachmittag fuhr. Schlafen war aus diversen Gründen keine Option und so übermüdet, wie wir trotzdem waren, war unser Status an Wachheit inzwischen bedenklich und diente als Nährboden für eine Stimmung, die unpassenderweise alles andere als sportlich war. „Fore!", schrie die Prinzessin laut über die große Wiese hinter dem alten Güterbahnhof, in dem der Rave heute Nacht stattgefunden hatte. Dann stellte sie sich steif und breitbeinig hinter den Golfball, den sie dort auf einer Getränkedose abgelegt hatte. Sie schwang den Golfschläger mit großer Anstrengung von hinten über ihre Schultern durch. Den Schläger und die Bälle hatten wir uns vom Veranstalter ausgeliehen, der eigentlich mit uns kommen wollte, dann aber irgendwo verloren ging.

In der Nacht hatten wir gemeinsam aufgelegt. Die Party war gut besucht. Den Gästen hatte es gefallen. Der Gig war ein voller Erfolg. Der Ball flog. Ich schätze etwas um die dreißig Meter. Es war noch etwas passiert heute Nacht. Die Prinzessin war genervt und hatte nach der Party keine Lust gehabt, schlafen zu gehen. Es war Winter. Der Boden war kalt und hart. Ich war zu dünn angezogen. Schon auf dem Weg aufs Feld hatten wir uns gestritten. Wir wussten aber jetzt schon wenige Minuten später nicht mehr, worum es bei dem Streit eigentlich ging. Es war eher so, dass wir immer mit Absicht gegen die Meinung des Anderen waren. Wir stapften gemeinsam über das halbnasse Gras am Rand des Feldes. Ich merkte, wie meine Schuhe schon nach den ersten Schritten auch von innen nass wurden.

„Du gehst mir auf die Nerven!", schrie die Prinzessin, als sie stehen blieb, um nach ihrem Ball Ausschau zu halten. „Du gehst mir auf die Nerven, weil man einfach nicht mit dir reden kann. Du bist dann wie eine Wand und man kann machen, was man will, aber man kommt nicht durch und bekommt keine vernünftige Antwort von dir, egal worum es geht."

„Und du kannst mir nicht einfach mal die Zeit geben, die ich brauche?", schrie ich zurück.

„Um eine einfache Antwort zu geben? Ich will doch gar nicht, dass du mir großartig was erzählst oder mir deine Gefühle offenbarst oder sonst was. Ein *ja* oder *nein* reicht doch", schrie mir die Prinzessin in einem immer aufbrausenderen Ton entgegen. Ihre Stimme quietsche dabei ein wenig. Das kam daher, dass die Nacht so lang und die Anlage so laut gewesen war. Das war oftmals schon lustig gewesen, wenn sie sich aufregte und dabei quietsche, jetzt gerade war es das nicht. Der Prinzessin standen Tränen in den Augen und dabei brodelte es in ihr so, als würde ein Topf mit Wasser kochen und der Deckel immer wieder kurz vom Topf abheben, wenn der Druck zu hoch war. Wir atmeten beide einige Male tief durch.

„Aber das weiß ich doch nicht. Ich weiß doch nicht, was du für eine Antwort hören willst", rief ich ein wenig beruhigter.

„Und das ist doch das Nächste", sagte die Prinzessin trotzig, drehte sich wieder um und lief einige Meter weiter, weil sie ihren Ball nicht finden konnte. „Du sollst mir nicht sagen, was ich hören will, sondern was du denkst."

„Aber deshalb überlege ich doch dann."

Sie verdrehte die Augen. „Du hast deine Phasen, ich habe meine Phasen. Das wissen wir ja inzwischen."

„Und es kann nicht sein, dass dieser Wutanfall, oder was du da gerade hast, einfach mal deine Phase ist? Das muss jetzt wieder was mit mir und meiner Phase zu tun haben, oder was?" Wir holten beide wieder ein paar Mal tief Luft. „Dein Ball liegt da. Aber ich bin dran", sagte ich.

Die Prinzessin reichte mir den Schläger. Damit forderte sie mich wortlos auf, den Ball zu schlagen. Ich hasste es, wenn sie mich wortlos zu etwas aufforderte. Ich kam mir dann immer so geduldet vor. So, als würde sie mich ertragen, aber nicht mit mir reden wollen. Das nervte. Ich stellte mich ein bisschen weniger steif als sie hinter meinen Ball und schwang den Schläger.

„Gut. Schöner Schlag", sagte die Prinzessin. Es war wirklich ein guter Schlag gewesen. Wir schauten uns einige Sekunden lang an und die Situation entschärfte sich spürbar. Jetzt fand ich es wieder gut, mit der Prinzessin zu streiten. Nicht, weil ich besonders gerne mit ihr stritt, sondern weil ich wusste, dass wir uns in unseren Streitigkeiten immer an Regeln hielten. Gerade gönnten wir uns gegenseitig wieder ein bisschen Luft, bevor wir nachher weiter stritten. Es hatte sich herausgestellt, dass wir wesentlich zielgerichteter und schneller streiten konnten, wenn wir uns die Zeit gaben, darüber nachzudenken, worum es uns im Streit eigentlich ging. Ich erwartete eine Metapher von der Prinzessin, mit der sie wieder in die Diskussion einsteigen würde.

„Manchmal denke ich, wir müssten die Steine aus dem Boden reißen, um die Wirklichkeit kaputt zu machen", sagte sie und schaute in die Ferne. Ich hatte recht. Ich nahm mir ein wenig Zeit zu antworten.

„Aber unsere Realität ist doch gar nicht so schlecht, oder?"

„Nein, in unserer Realität geht es eigentlich ganz gut, da hast du recht. Aber die echte Welt sieht ganz anders aus."

„Ja. Das stimmt", sagte ich.

„Die echte Welt ist so unnachgiebig. Die echte Welt ist eine Aneinanderreihung von Situationen und Gelegenheiten und jedes Mal, wenn du dich dagegen entscheidest, daran teilzuhaben, schreibt die echte Welt es sich auf einen kleinen Zettel und vermerkt das in deiner Akte. Und wenn du das nächste Mal an eine Gelegenheit kommst, die du wahrnehmen willst, kommt die echte Welt und sagt: Na, na, na, na, na. Die kennen wir ja schon. Die hat doch neulich erst eine Chance liegen lassen. Das überlegen wir uns aber nochmal mit dieser neuen Gelegenheit", sagte die Prinzessin ohne ihren Blick aus der Ferne abzuziehen.

„Ist das so? Findest du? Hast du denn das Gefühl, dass die Welt dir gegenüber so voreingenommen ist?"

Jetzt schaute die Prinzessin mir direkt ins Gesicht. „Na, schau dich doch mal um." Dann nahm sie mir den Schläger aus der Hand, drehte sich wieder zu ihrem Ball und schlug ihn hinter meinem her. „Diese Welt meine ich", sagte sie und schaute ihrem Ball hinterher und dann wieder weit in die Ferne, über die Grenzen des Feldes hinweg, bis hin zu den ersten Wohnhäusern und Straßen, die man am Horizont sehen konnte. Wenn man etwas Stille zuließ, konnte man das Hupen einiger Autos und das Brummen eines Busses hören. „Das ist einfach nur Mist. Und ich habe das Gefühl, ständig auf der Flucht sein zu müssen, damit mich dieser Mist nicht vollständig vereinnahmt. Immer einen Schritt schneller, um ja nicht überrollt zu werden."

„Und von was für Gelegenheiten sprichst du?"

Die Prinzessin schaute mich an und wenn ich ihren Blick richtig deutete, versuchte sie, mich gerade damit zu töten.

„Was?", fragte ich, mit so einem Lachen im Ton, das einen immer dann verrät, wenn man selbst nicht überzeugt ist von seiner Lüge. Ich wusste natürlich genau, von welchen Gelegenheiten sie sprach. Sie schaute, als würde ich mich dumm stellen und als ob sie das wüsste. Die Prinzessin ging weiter den Bällen hinterher.

„Du meinst uns?", rief ich. Die Prinzessin machte keine Anstalten stehenzubleiben oder sonst irgendwie auf meine Frage zu reagieren. Natürlich meinte sie uns.

„Natürlich meine ich uns! Du Arschloch!", rief sie dann doch, ohne ihren Marsch zu unterbrechen.

„Wir beide? Das Thema ist doch wohl durch", erwiderte ich ohne den Bedarf an auch nur einer Sekunde Reaktionszeit. „Das hast du mir doch ganz eindeutig klargemacht." Die Prinzessin schwieg und stapfte stur in Richtung Golfball. „Du hast mir doch mehr als nur eine Abfuhr gegeben. Und ich habe mich damit arrangiert. Und du willst mir jetzt einen Vorwurf daraus machen?", rief ich wütend und fing an, ihr hinterherzulaufen. Deshalb blieb sie stehen, drehte sich um und stapfte so weit zurück, bis sie mir Gesicht an Gesicht gegenüberstand. Unsere Nasen berührten sich fast.

„Fick dich! Fick dich, Gregor! Fick dich!", sagte die Prinzessin leise. Eine Träne lief ihr über das Gesicht.

Ich wusste nicht, was ich sagen sollte. Also sagte ich gar nichts. Die Prinzessin und ich starrten uns einige Sekunden in die Augen. Ich beendete das Blickduell, indem ich mir den Schläger nahm, an der Prinzessin vorbei in Richtung meines Golfballs stampfte, mich dahinter stellte und den Ball weitere zwanzig Meter nach vorne schlug. Ich merkte, dass auch ich den Tränen nah war.

„Du bist das doch gewesen, die sich immer hat entschuldigen lassen, die, die nicht wusste, die, die nicht konnte. Dann bin ich doch jetzt bitte nicht der, der einen Fehler macht, wenn er zurückzieht. Ey und wenn du mich dann heute Nacht im Club so antanzt. Sorry. Nee" rief ich. Ich hielt der Prinzessin den Schläger entgegen.

„Ich glaube, früher hättest du sowas genossen. Und früher hättest du auch nicht zurückgezogen. Früher hätten wir uns einfach beide den Mut gegriffen und hätten das durchgezogen" sagte die Prinzessin leise und irgendwie eingeschüchtert ob meiner letzten Gesprächslautstärke.

„Durchziehen und Mut greifen sind jetzt echt keine Begriffe, die danach klingen, als könnte man damit eine Beziehung führen."

„Beziehung?", lachte die Prinzessin mich sichtlich erschrocken an. „Be.. Beziehung? Was?"

„Nee. Komm, ist ok." Ich versuchte, ihre Reaktion zu unterbinden. Ich nahm den Schläger wieder herunter.

„Beziehung? Wer spricht denn hier von einer Beziehung? Was soll das denn überhaupt sein, eine Beziehung? Erzähl du mir doch nichts davon, wie man erfolgreich eine Beziehung führt. Gregor. Dir fällt das gar nicht auf, oder? Du bist doch gar nicht in der Lage eine Beziehung zu führen."

Ich wusste, dass die Prinzessin gerade alles dagegen unternahm, einen Satz auszusprechen, in dem der Name Anna auftauchte. Ihr Ziel hatte sie trotzdem erreicht. Sie hatte gerade einen Revolver geladen, entsichert, an meine Schläfe gesetzt und ohne Rücksicht auf Gefühle abgedrückt. Sie war eiskalt gewesen, denn sie wusste, dass ich genau das von mir selber dachte, was sie gerade ausgesprochen hatte. Es tat weh und ich war mir sicher, dass die Prinzessin es nur gesagt hatte, um mir weh zu tun.

„Dir hinterherzulaufen und dich anzuhimmeln? Echt nicht mehr mein Ding", sagte ich, und zwar so abgebrüht wie möglich.

Wir schwiegen wieder.

Die Prinzessin nahm mir den Schläger aus der Hand. Sie spielte damit ein wenig in ihren Händen herum.

„Ich glaube, dass die, die weniger fühlen, einfach immer weitergehen müssen, um zu fühlen, was die Anderen fühlen. Aber die längeren Wege bringen sie dafür auch an Orte, die die Anderen niemals sehen werden", sagte sie. „Und dort wirst du niemals ankommen. Niemals."

Zuerst biss ich mir auf die Zunge, dann atmete ich tief durch, dann antwortete ich. „Ja. Das verstehe ich." Mir wurde klar, dass die Prinzessin mich die ganzen letzten Wochen nicht auf Abstand gehalten hatte, weil ich ihr zu viel war, sondern weil sie sich nie näher an mich herangetraut hatte. Wahrscheinlich wegen Anna. Aber heute Nacht hatte sie sich getraut und ich hatte es versaut. Das hatte ich in diesem Moment verstanden.

„Gregor, es ist nicht so, als dass ich mich nicht in dich verlieben könnte, wenn ich wollte. Ich könnte es jeden Tag, weißt du? Aber ich will nicht mit dir zusammensein. Das ist das Ding. Ich könnte das gar nicht. Du bist manchmal so undurchsichtig und starr. Und dann kann man nicht mal herausfinden warum. Und das wäre ich schon längst leid, wenn wir ein Paar wären. Ich würde da so viel Last auf meinen Schultern spüren." Die Prinzessin ging einige Meter zu ihrem Ball. „Verstehst du, was ich meine?" Sie schlug ihren Ball so hart, wie bisher keinen anderen. Sie war eine gute Crossgolferin. „Noch bis da vorne an den Baum. Danach habe ich keine Lust mehr."

„Ok."

„Ich will einfach nur wissen, was in deinem Kopf los ist. Was du denkst, was du fühlst." Die Prinzessin wollte in diesem Moment unseren Bällen hinterherlaufen. Als sie bemerkte, dass ich stehenblieb, drehte sie sich aber wieder zu mir und kam mir ein paar Schritte entgegen.

„Ich glaube, wenn wir beide einander erhalten bleiben wollen, wie wir jetzt sind, so vertraut und so ehrlich, dann sollten wir aufhören mit diesem ganzen Geflirte und mit diesen Blicken."

„Das ist ja das, was ich sage", erwiderte ich, nachdem ich zwei Mal kräftig geschluckt hatte.

„Na dann ist es ja gut! Das habe ich jetzt verstanden. Entschuldige. Es hat länger gedauert bei mir", antwortete die Prinzessin so, dass jedes Wort resignierter und dabei abgebrühter wirkte.

Ich merkte, dass ihre Worte und ihre Gesten nicht zusammenpassten. „Ach, weißt du, ich schenk dir die Runde“, sagte sie.

Das passte mir. Ich wollte keinen Wettkampf mehr und lief wortlos zu meinem Ball, um ihn einzusammeln. Die Prinzessin lief mir hinterher. Als wir angekommen waren und ich mich nach dem Ball bücken wollte, hielt sie mich mit dem Schläger davon ab.

Halb gebückt schaute ich zu ihr auf. „Ich will nichts geschenkt. Ich will, dass es so ist, wie es sein soll.“ Ich ließ den Ball auf dem Boden liegen und die Prinzessin im Feld stehen. Wenn wir unseren Zug bekommen wollten, musste jemand den scheiß Veranstalter anrufen.

❋

Scripted Reality

Die Sonne stand inzwischen so hoch, dass ich anfing zu schwitzen, ohne mich großartig zu verausgaben. Ich machte mich auf den Weg zum Hafen. Die Prinzessin musste hier sein. Ich positionierte mich so, dass ich die Menge an Tanzenden gut überblicken konnte. Ich schätzte, dass es so um die tausend Menschen waren. Vielleicht auch mehr. Beim Hin- und Herschunkeln rutschte der Sand mir immer wieder zwischen meine Zehen. Irgendwie war das schön. Es erinnerte mich an Matosinhos, nur fehlte die Prinzessin, die ich hier nirgendwo erblicken konnte. Vielleicht war sie da. Vielleicht nicht. Das konnte man bei so vielen Menschen wirklich schwer sagen. So langsam merkte ich, was es bedeutete, dass ich an diesem kurzen Tag mit der Line Pep, der Pille und den Tüten schon wieder so viele Drogen eingenommen hatte. Ich merkte gerade, wie viel davon in mir war und dass es jetzt gleich losging mit der Wirkung und dass das eine wohl etwas heftigere Angelegenheit werden würde. Mein Retox lief gut. Momente wie dieser waren für mich in der Vergangenheit immer seltener geworden. Denn je öfter ich eine Droge genommen hatte, desto mehr entfernte sich das Gefühl, das ich beim ersten Konsum der Droge verspürte. Diesem Gefühl versuchte ich einige Zeit hinterherzulaufen, indem ich die Dosis erhöhte. Später, indem ich die Frequenz des Konsums senkte. Nichts von beidem hatte geholfen. Was aber half, war Pep zu ziehen, zu kiffen und eine halbe Pille zu nehmen. Das stellte ich gerade fest. Ich hatte den Idealfall erwischt. Im Idealfall ballerten die Drogen nämlich zeitgleich mit der Musik. Es gab kaum etwas Schöneres, als wenn die Musik einen parallelen Wirkungs- und Druckanstieg durchmachte, zusammen mit einem selber und den Drogen, die man intus hatte. Der Moment, wenn die Droge drückte und Musik schob, wenn der Bass bebte und dein Hirn sagte: „Ja hallo. Jetzt geht hier aber ordentlich was los!" Das war es, wonach ich immer wieder gesucht hatte und was ich jetzt endlich einmal wiederfand. Das alles zu Deep House, der gerade ziemlich derbe drückte. Dicke Bässe und drückende Beats. Frauen und Männer tanzten leicht bekleidet, zum Teil oben ohne, ganz vereinzelt auch nackt. Alle demselben Vibe folgend. Alle mit dem einzigen Willen, aus diesem Sonntag noch einmal alles rauszuholen. Einige Totems waren schon jetzt hierhin getragen worden und wehten im Wind, und wackelten hin und her.

Kurz bevor mich die Musik und der Floor und die Droge gänzlich in ihren Bann ziehen konnten, sah ich, wie die Prinzessin mit drei anderen Personen links von mir im Sand hockte. Von ihrer Begleitung erkannte ich kein einziges Gesicht. Ich hatte jetzt die Wahl. Entweder ich fasste mir ein Herz, brachte Mut auf und ging rüber zu ihnen, oder ich drehte mich um und ging in eine andere Richtung. Später könnte ich dann zwar behaupten, dass ich sie nicht gesehen hätte, das deprimierende Gefühl der Selbstverleugnung konnte ich aber bereits spüren. Das war keine Option. Ich schaute weiter hinüber zu der Gruppe, die gerade dabei waren, Getränke umzufüllen oder irgendwie neu zu mischen. Sie lachte. Sie hatte Spaß mit den anderen. Jetzt zweifelte ich wieder, ob es so schlau war, zu ihr hinzugehen. Ich hatte Angst, ihre gute Laune zu vertreiben. Ich hatte Angst, der Stimmungskiller zu sein. Ich hatte Angst, nicht dazu zu gehören. Ich zögerte weiter. Warum konnte sie nicht aufschauen, mich erkennen, mir freundlich zuwinken oder mir irgendein Zeichen geben, dass es in Ordnung war, wenn ich rüberging. Meine Füße setzen sich in Bewegung, da hatte ich diese Gedanken noch nicht richtig zu Ende gebracht. Die zehn Meter waren schneller gelaufen, als ich sie normalerweise gelaufen wäre. So kam es mir jedenfalls vor, und als ich noch nicht bereit war, zu sprechen, als ich noch immer nicht wusste, was und wie ich es zur Prinzessin sagen würde, stand ich bereits neben diesen Menschen, die mich so anschauten, wie eine Gruppe einen anschaut, wenn sie nicht weiß, wer man ist und was man will. Die Prinzessin schaute als letztes auf. Zuerst schien sie nicht zu wissen, wie sie reagieren sollte. Dann lächelte sie.

„Das ist Gregor. Mit dem spiele ich nachher“, sagte sie langsam und deutlich und so laut, dass die Nachricht für die gesamte Gruppe bestimmt sein musste. „Ich habe Felix, Petra und Tom hier eben getroffen. Da hinten um genau zu sein. Willst du mit uns MDMA-Bowle trinken?“, fragte sie mich.

„Keine Ahnung. Ja, klar.“

„Ja, dann setz dich mal.“

Aus irgendeinem Grund hatte sie es eilig. So schien es mir. Petra stellte sich als erstes vor. Sie war es auch, die gerade die Bowle zubereitete. Dazu nahm sie ein Baggy mit MDMA, packte den Inhalt in einen Becher und goss das Ganze mit Sekt auf. Das Baggy erkannte ich sofort. Es kam aus unserer Brotdose. Die Prinzessin war hier also diejenige, die einlud und nicht umgekehrt. Dazu kam Johannisbeersaft, bis der Becher voll war. Danach schüttete Petra das Gemisch zweimal zwischen zwei Bechern hin und her.

„Für fünf Leute", erklärte sie breit lächelnd. Neben ihr saß Felix, der sich mir erst noch kurz vorstellte und danach als erster am Becher trank. Meine Augen wanderten dabei immer wieder zur Prinzessin. Ich wollte herausfinden, ob sie auch zu mir schaute, ob sie heimlich nicht mehr lächelte, sondern nur dann, wenn sie wusste, dass ich zu ihr schaue, oder, oder, oder. Ich war nervös. Die Drogen drückten immer weiter. Natürlich wusste die Prinzessin, dass ich sie gesucht hatte, und es war klar, dass ich nicht in dieser Runde saß, weil ich neue Menschen suchte. Trotzdem gab ich mir alle Mühe, genau diesen Anschein zu erwecken. Tom war als nächstes dran zu trinken. Dann ich. Petra beobachtete mich dabei genau. Als ich den Becher absetzte, schaute sie mich ein wenig verwirrt an.

„Das war aber ein großer Schluck", sagte sie.

„Ja?"

„Ja. Na. Hm. Dir geht es gleich auf jeden Fall gut", Petra fing an zu lachen.

„Ich freue mich drauf", sagte ich und versuchte, ebenfalls zu lachen.

„Geht es dir gut?", fragte die Prinzessin mit einem Blick, den ich wirklich nur so interpretieren konnte, als dass es sich dabei um einen gutmütigen, wohlwollenden Blick handelte.

„Alles gut", sagte ich und versuchte, ebenso freundlich zurückzulächeln, wie sie es tat. Nachdem die Prinzessin und Petra den Becher komplett geleert hatten, zog es die Gruppe wieder auf den Floor. Nur wir beide blieben sitzen.

„Wir kommen gleich nach", rief die Prinzessin den anderen hinterher, als diese sich in Richtung Tanzfläche aufmachten. Jetzt waren wir endlich zu zweit.

„Hey, na", sagte sie.

„Hey, na", antwortete ich.

In diesem Moment wussten wir beide nicht, ob es richtig war, etwas zu sagen oder den anderen etwas sagen zu lassen. Wir saßen da und schauten uns an. Das dauerte etwas länger.

„Und wie geht es dir?“, fragte ich schließlich.

„Mir geht es gut. Ich war erst hier am Strand und hab ein bisschen geschlafen. Dann bin ich zur Insel geschwommen. Das war schön. Da war da noch keine Musik. Als dann hier der Floor aufgemacht hat, bin ich wieder rüber. Die anderen habe ich auch hier erst kennengelernt. Also die Bowle war unser Kennenlernen, wenn du so willst.“

„Ah. Ok. Ich verstehe.“

„Ja, genau.“ Die Prinzessin schaute in ihren leeren Becher. „Ludger habe ich auch schon getroffen. Der ist hier irgendwo, ich glaube, der tanzt.“

„Und habt ihr schon gesprochen?“

„Was sollen wir denn sprechen?“

„Über die Situation, dachte ich.“

„Ach so. Nein. Haben wir nicht. Wieso denn? Ich glaube das geht eher uns beide an.“

„Okay. Ja da hast du recht. Finde ich gut.“

„Aber meinst du, wir können das später machen?“, fragte die Prinzessin. „Nicht jetzt? Nicht heute?“

„Ja, okay“, sagte ich unsicher. „Wenn du willst.“ Eigentlich fühlte ich mich gerade gut genug, um dem Gespräch gewachsen zu sein. Das konnte aber auch andere Gründe haben als meine Selbstsicherheit. Die Prinzessin hatte recht, vielleicht war es eine gute Idee, später zu reden. Ich vertraute meinem Gefühl, das mir sagte, dass sie es besser wusste als ich. Das war schon so oft so gewesen und warum sollte sich das jetzt geändert haben?

„Ich will noch ein bisschen tanzen und feiern und dann will ich noch zum Camper bevor wir auflegen.“

„Das ist eine gute Idee.“

Die Prinzessin stand auf, klopfte sich den Sand von ihrer Hose und schwang sich den Beutel wieder auf den Rücken. Auch ich stand auf und wir schritten langsam, aber gemeinsam zur Tanzfläche, direkt zu den anderen, Petra, Felix und Tom. Ziemlich schnell baute sich ein so guter Vibe zwischen uns allen auf, dass Tom irgendwann von selber fragte, ob er mir etwas Gutes tun konnte. Ich ging davon aus, dass mein Blick und mein Aussehen dazu beitrugen. Denn nicht nur die Drogen des Vormittags, auch die Bowle fing so langsam an zu wirken. Die Prinzessin tanzte in der Mitte von allen und wieder baute sie dabei ein Wirkungsfeld auf, dass uns in eine positive Stimmung versetzte. Obwohl ich dieser Gruppe neu und unbekannt war, hatte sich auch bei mir ziemlich schnell ein Grundvertrauen aufgebaut. Das waren gute Menschen. Ich spürte das, wenn ich uns so anschaute und wenn ich über den Floor blickte. Ich glaubte, dass auch die anderen in der Gruppe und auch die Menschen um uns herum das so empfanden. Mit der ersten Stunde, die wir hier verbrachten, entstand ein kollektives gutes Gefühl. Und mit dem Gefühl und diesem Grundvertrauen fühlte sich zeitgleich alles, was geschah, unfassbar ehrlich an. So als wäre alles das hier die Wahrheit und so als wäre jede Lüge eine Dystopie, die noch niemand gewagt hatte zu erdenken. Zwischendurch reichten wir uns Wasserflaschen, Joints und andere Drogen, die immer von jemand anderem zubereitet und bereitgestellt wurden. Wir waren uns einig in dem, was wir taten. Feiern und Tanzen. Unsere Gruppe schien unzertrennlich. So, als hätten wir alle ein gemeinsames Ziel und würden hochmotiviert, zielgerichtet und in jeder Frage kooperativ mit- und füreinander tanzen. Tanzen war das Ding. Wir taten alles nur noch tanzend. Und die Freiheit von Gedanken, war ein schöner Zustand. Die Keimzelle des freien Denkens. In der dritten Stunde waren wir auf unserem kleinsten gemeinsamen Nenner angekommen, der dabei doch das größte Ding war, was es hier gerade zu erleben und zu erledigen gab. Tanzen. Ich konnte mich in diesen Sog fallen lassen und dieses Gemeinschaftsgefühl schier bis ins Unendliche genießen und auskosten. So mussten sich Hundebabys fühlen, wenn sie von allen Seiten angelächelt, gestreichelt und geknuddelt wurden. So fühlte sich das MDMA an, dass wir immer weiter dippten. In der vierten Stunde kam Ludger zu uns. Er sprach kaum. Er war irgendwo anders. Es ging ihm gut. Er reihte sich ein in das, was wir hier beobachten konnten. Alles schien wie gescripted. Wie die Menschen von A nach B gingen, wie Leute lachten, sich freuten und tanzten. Alles schien, als wäre es schon vorher geschrieben und festgelegt und getimed worden. So auch Ludger, der sich ohne Probleme integrierte. Das hier war ein Theaterstück, ein Schauspiel und wir als Publikum mittendrin. Wenn die Prinzessin tanzte und dabei nicht nach vorne schaute, schaute sie mich an. Und mit unseren Blicken klärten wir kontinuierlich ab, ob es uns gut ging, ob das, was wir machten, für den anderen okay war und wie es weitergehen würde. In der fünften Stunde bemerkte ich dann zum ersten Mal, wie sich die Sonne ein wenig hinter den leichten Wolken zurückzog und wenn ich mich umdrehte und genau hinschaute, sahen die ziemlich dunkel aus. Sie wurden größer und dunkler und das schneller und schneller. Dann sah ich, wie auch um mich herum Menschen nach oben schauten und mit den Fingern in den Himmel zeigten. Auf dem See sah ich den Kon-Tiki-Floor schwimmen. Die Wolken wurden immer dichter. Bis es vom einen auf den anderen Moment anfing, in Strömen zu regnen. Die Menschen begannen zu jauchzen und zu johlen. Erst zeigten sich wenige beeindruckt, doch dann regnete es stärker und stärker. Manche Tanzende packten dann doch ihre Taschen und Rucksäcke und suchten unter den Dächern der Bar oder anderen Bauten Schutz. Irgendwann auch Petra. Irgendwann auch Felix. Irgendwann auch Tom. Der Floor wurde langsam leerer und trotzdem waren noch genug Menschen hier, die den Vibe aufrechterhielten. Jetzt legten sie es erst recht darauf an, alles, und zwar wirklich alles, aus diesem Sonntag rauszuholen. Möge es der beste Moment des Festivals, des Jahres oder des Lebens werden, aber nichts darunter. Auf dass keine andere Festivalgeschichte mehr mithalten konnte und wir uns in Zukunft immer wieder von diesem Moment erzählen würden. Komme, was wolle. Die Prinzessin, Ludger und ich tanzten weiter und weiter. Ich konnte noch sehen, wie Petra, Felix und Tom unter einem Dach an der Bar Unterschlupf fanden und uns drei von dort aus beobachteten, winkten und lachten. Und wir lachten zurück. Sie wirkten auf der einen Seite neidisch, weil sie selber nicht weitertanzten, auf der anderen Seite froh, dass sie trocken blieben. Sie mussten uns für völlig verrückt halten. Aber jetzt brauchten wir eh nicht mehr ins Trockene zu kommen. Jetzt waren wir eh schon nass. Außerdem hatten wir Bock. Bock. Bock. Bock. Ich genoss es. Wir hatten es geschafft. Die Geschichte, die wir immer wieder erzählen würden, passierte genau jetzt. So, wie die Musik immer treibender wurde und eindringlicher auf uns einprasselte, wurde auch der Regen stärker und stärker. Auf einmal sah ich, wie die Kon-Tiki-Insel anfing, sich zu bewegen. Es wirkte so, als hätte sie sich von ihrem Anker gelöst, falls es einen gegeben hatte. Auf unserem Floor bildeten sich erste große Pfützen. Ich konzentrierte mich auf den

Regen, auf das Tanzen und auf den Moment. Ich verschwendete irgendwann keine Blicke mehr nach links oder rechts. Die Menschen jubelten immer lauter, je stärker der Regen fiel. Inzwischen hatte ich freie Sicht auf die DJ und erkannte, wie ein paar Leute versuchten, das Häuschen, in dem sie stand, und das Equipment trocken zu halten, während sie alles gab, um ihre Tracks zu mischen. Immer wieder kamen blitzartig kleinere Schauer herunter, die noch kälter waren als der restliche Regen. Jedes Mal erschrak ich kurz, wenn mich der Regen so frierend kalt erwischte. Ich wollte mir das hier, diesen Moment, dieses Gefühl nicht mehr nehmen lassen. Ich war klatschnass am ganzen Körper. Die Musik trieb und die wenigen Menschen, die noch da waren, tanzten so trotzig, als müsste hier und jetzt ein Endgegner bezwungen werden. Der Kon-Tiki-Floor fing an, auf den See hinauszutreiben. Die Menschen darauf schrien so laut, dass ich sie bis hierhin hören konnte. Und jeder der auf unserem Floor stand, schrie zurück. Es schien fast so, als würden unser Floor und die schwimmende Insel sich gegenseitig anfeuern, dem Regen standzuhalten. Durchzuhalten. Die Prinzessin und Ludger waren klatschnass bis auf die Haut. Sie drehte sich um und lächelte mich an, während Ludger zwei, drei schnelle Schritte zu mir machte. Wir lächelten uns an und er legte eine Hand auf meine Schulter. Mit der anderen zeigte er in den Himmel hinter mir.

„Schau mal, da drüben scheint schon wieder die Sonne."

Als ich mich umschaute, sah auch ich, dass sich die Wolken hinter mir wieder auseinanderzogen und die letzten Sonnenstrahlen des Tages es doch noch bis zu uns geschafft hatten. Auch die Insel wurde schon wieder von der Sonne angestrahlt. Und so schnell der Regen gekommen war, so schnell ging er wieder.

Die Menschen auf der Insel und die Menschen auf unserem Floor lachten und jubelten. Viele lagen sich in den Armen. Kollektives Glück. Ich schaute die Prinzessin wieder an und lächelte so breit, dass meine Mundwinkel weh taten. Selbst wenn ich mich darauf konzentrierte, schaffte ich es nicht, sie vom Lächeln abzuhalten. Mein Lächeln war so groß und so breit, man musste mir deutlich ansehen, dass die MDMA-Bowle wirkte. Den Schmerz dabei nahm ich gerne in Kauf. Wir tanzten weiter und weiter und weiter. Es war so, als ob diese ganzen wildfremden Leute hier in den letzten Minuten zu den besten Vertrauten geworden waren, die wir je gekannt hatten. Petra, Felix und Tom waren inzwischen aber nicht mehr da. Sie hatten uns, die Bescheuerten, hier zurückgelassen. Für uns war das völlig in Ordnung. Wir hatten mit unserem eigenen Glück genug zu tun. Dann fing die Menge plötzlich wieder an zu jubeln. Ich wusste erst warum, als Ludger es mir mit einem Fingerzeig über den See klar machte.

„Schau mal Gregor, ein Regenbogen“, sagte er und zeigte Richtung See. Ich drehte mich wieder um und sah, wie dieser sich direkt über dem See gebildet hatte und über der Kon-Tiki-Insel zu enden schien. „Sowas habe ich noch nie erlebt“, sagte Ludger.

„Ich glaube nicht, dass irgendjemand hier so etwas schon mal erlebt hat“, antwortete ich. „Wirklich schön.“

Ich konnte nicht anders, als wieder zur Prinzessin zu schauen, die inzwischen augenscheinlich frierend vor mir stand und sich schließlich mit dem Rücken bei mir anlehnte, während auch sie nach vorne schauend den Regenbogen betrachtete. Ich war mir sicher, dass sie dabei mindestens einen romantischen Gedanken dachte, der mit mir zu tun hatte. In diesem Moment wirkte alles so, als hätten wir, die wir hier auf dem Floor standen und gemeinsam diesen großen Regenschauer überstanden hatten, die wir von Kopf bis Fuß völlig durchnässt waren und noch nicht wussten, ob unsere Telefone, Feuerzeuge und Brieftaschen überlebt hatten, und denen das anscheinend auch egal war, gerade gemeinsam die Erleuchtung gefunden.

Der Weg zurück ins Camp gestaltete sich zwar nicht schwierig, er dauerte aber trotzdem. Obwohl wir von oben bis unten nass waren und uns nichts sehnlicher wünschten, als endlich unsere Klamotten abzuwerfen, uns in ein Handtuch zu schmeißen und abzutrocknen, waren die paar hundert Meter mit die längsten, die wir hier bisher gelaufen waren. Ludger redete und redete und redete. Irgendetwas hatte klick gemacht und irgendwelche Synapsen waren bei ihm gerade auf Vollgas gestellt. Es war schön, jemanden zu haben, der die potentielle Stille mit Worten füllte, auf der anderen Seite hätte ich mir schon längst wieder gewünscht, mit der Prinzessin über all das reden zu können, was ich und sie heute erlebt hatten, über Gedanken, die ich mir gemacht hatte und über Erkenntnisse, zu denen ich heute gekommen war. Bestimmt hätte auch die Prinzessin mir viel erzählen können, darüber, was in ihrem Kopf vorging gestern Nacht, darüber, was sie heute gesehen und wen sie getroffen hatte. Aber dazu kam es nicht, denn Ludger hörte einfach nicht auf zu plappern.

„Ludger, du kannst sofort weitererzählen, es wäre aber schön, wenn du den Camper zuerst aufschließt", unterbrach ihn die Prinzessin, als wir endlich angekommen waren.

„Ach so. Ja klar" sagte Ludger, steckte den Schlüssel ins Schloss, stieg auf den Fahrersitz und entriegelte alle anderen Türen. In der Zeit war die Prinzessin schon um den Camper herumgelaufen und hatte an der Seitentür gewartet, bis sie sie endlich öffnen konnte. Kaum war sie hineingesprungen, ging die Schiebetür auch schon wieder zu.

„Ich bin jetzt erstmal kurz nackt", hörten Ludger und ich aus dem Inneren und nahmen das als Zeichen, uns in die Campingstühle zu setzen. Ludger war aus dem Flow gekommen.

Auf eine ganz spezielle Weise fand ich das gut.

„Was habe ich als Letztes erzählt?", fragte er.

„Ich kann es dir nicht sagen", antwortete ich. Ich war erschöpft vom stundenlangen Tanzen, von den Eindrücken und Erlebnissen, die gerade auf uns alle eingeprasselt waren.

„Mist."

„Ja. Echt scheiße. Tut mir auch irgendwie leid, du warst gerade richtig gut dabei, oder?"

„Ja schon. Egal. Ich habe was anderes überlegt und brauche eine Meinung. Also. Gregor. Sag mal. Breite mal Dichte durch Zeit ist gleich Durche, kommt das hin?"

„Du fragst Sachen. In was für Einheiten rechnest du das denn? Oder anders. Fangen wir mal vorne an. Wie viel ist denn eine Durche?", wollte ich wissen.

„Eine Durche was?", fragte Ludger konzentriert zurück.

„Eine Durche Einheit."

„Eine Durche Einheit", wiederholte Ludger.

„Ludger?", fragte ich nach. Es vergingen einige Sekunden.

„Ich glaube, Dichte ist Kilogramm pro Kubikzentimeter. Und Breite ist Dezimeter. Zeit sind Sekunden. Deshalb ist dann auch Durche gleich Kilogramm pro Sekunden mal Quadratdezimeter."

„Kilogramm Koks mal Länge der Line?", fragte ich nach.

„Weil sich die Dezimeter oben im Bruch mit den Kubikzentimetern rauskürzen lassen" fuhr Ludger sichtlich vertieft fort, während er seinen Tabak aus der Tasche holte und kurz darauf feststellte, dass sowohl der Tabak, als auch Blättchen und Filter komplett nass und damit unbrauchbar waren. „Kein Problem", sagte er zu sich selber. „Ich habe noch Reserven." So stand er schnell wieder auf, öffnete die Beifahrertür, rief kurz „Ich such nur nach Tabak. Alles gut", um der Prinzessin zu versichern, dass sie den Camper noch immer für sich hatte, kroch wieder heraus und setzte sich neben mich. Endlich konnte er seine Zigarette drehen und schien sichtlich glücklich. „Vorbereitung ist alles. Wusstest du das schon?", fragte er.

„Ich hörte davon, ja. Aber deswegen bin ich ja so froh, dass du mit uns gefahren bist."

„Ja und ab sofort, so oft es geht", bestätigte Ludger.

„Ja, ich finde das echt gut."

„Ich auch."

Ich ließ Ludger seine Zigarette zu Ende drehen. Er zündete sie an und zog zwei Mal sehr tief, bevor er das nächste Mal das Wort ergriff.

„Was ist eigentlich so dein Plan für die Zukunft?", fragte er.

Ich schaute ihn verwundert an. „An welche Zukunft hast du da jetzt gedacht?"

„Ja, so an die zukünftige Zukunft."

„Sorry, ich glaube, ich weiß gerade nicht was du meinst."

„Naja. Das Leben meine ich."

„Also, ich bin ja ziemlich froh, dass ich mein Leben schon lebe. Ich plane eigentlich nicht so viel."

„Ja. Ich verstehe", antwortete Ludger.

„Wieso, was planst du denn?"

„Ich? Ich plane nichts", erwiderte Ludger wie aus der Pistole geschossen, als zeitgleich die Seitentür aufging und die Prinzessin dahinter zum Vorschein kam.

„Fertig!", rief sie. „Ach nee, doch nicht", murmelte sie direkt danach und zog die Tür wieder zu. Es war ziemlich leicht, festzustellen, dass jeder von uns noch ordentlich daneben war. Verballert, verschallert, dabei, im Modus, drüber, drunter oder wie auch immer man es nennen wollte. Wir erfüllten wahrscheinlich jedes Klischee, das in einer solchen Situation bemüht werden konnte. Es wunderte mich kaum, dass Ludger kurz darauf aufstand und anfing, etwas zu suchen. Ich wusste nicht was, wollte ihm aber auch erst die Chance geben, es zu finden, bevor ich ihn danach fragte. Doch so lange er auch auf den Boden vor seinem Camper schaute und so tief er auch unter den Campingtisch blickte, er machte nicht den Eindruck, bald irgendetwas zu finden.

„Was suchst du denn?", unterbrach ich ihn schließlich.

„Ich suche nichts."

„Okay, aber was machst du denn?"

„Ich hatte hier noch irgendwo einen Sekt gebunkert."

„Also suchst du ja doch."

„Ja, wenn du so willst, dann suche ich ja doch, aber wenn ich ihn nicht gleich habe, dann gehe ich los und hole einfach noch ein paar Flaschen."

„Wenn du noch ein bisschen wartest, dann kann ich gehen. Ist doch viel günstiger mit der Artist-Karte und so."

„Ist mir doch egal, was das kostet. Ich will einfach jetzt einen Sekt trinken."

„Ja, aber wenn man sparen kann...", versuchte ich nochmal zu erklären, dass meine Idee schlauer war als seine.

„Ja man muss aber auch nicht immer sparen. Man muss auch einfach mal einen Sekt holen, ohne zu sparen."

„Nee, jetzt im Ernst, Ludger."

„Ganz im Ernst?", Ludger blieb zwischen zwei Campingstühlen stehen und schaute mich an. „Ist mir echt egal, was das kostet."

„Ja. Okay. Können wir ja auf die Spesen schreiben."

Ludger setzte sich wieder in seinen Stuhl. Er schien frustriert zu sein und zog noch einmal an seiner Zigarette, bevor er sie ausdrückte.

„Was sind denn so deine Pläne für die Zukunft?", fragte ich ihn, um ihn wieder an das Reden zu gewöhnen.

„Meine Pläne?"

„Ja."

„Ich habe schon Pläne", antwortete Ludger. „Oder anders. Das sind vielleicht nicht meine Pläne, aber da sind Pläne und ich weiß schon irgendwie, was passieren wird."

„Klingt spannend". Ich fing an, meine Schuhe auszuziehen.

„War mal spannend. Ist eher so geht so. Aber da sind halt Pläne", fuhr Ludger fort.

Meine Socken waren komplett durchnässt. Auch Hose und Shirt. Alles nass.

„Wer hat denn deine Pläne gemacht, wenn ich fragen darf?"

„Meine Eltern natürlich", sagte Ludger, als er sich im Stuhl sitzend weiterhin umschaute, ob nicht doch irgendwo noch ein Sekt von ihm zu finden war. Das Wasser tropfte aus seinen Haaren in sein Gesicht. Er musste eigentlich in einer Pfütze sitzen, denn auch er war ja eben von oben bis unten durchnässt worden. „Ich steige halt irgendwann in deren Firma ein."

„Was machen die denn?", fragte ich, während ich versuchte, aus meiner Hose zu kommen.

„Die handeln."

Ich hüpfte auf einem Bein herum und gab mir Mühe nicht umzufallen. „Ach und womit?"

„Meine Eltern handeln mit Sekt, Champagner und Wein."

Die Seitentür des Campers ging ein weiteres Mal auf. Die Prinzessin schaute heraus, erst in meine Richtung und dann in Ludgers. „Ist nicht dein Ernst", sagte sie.

„Doch. Ist nicht gelogen. Und deswegen bin ich auch ein bisschen schwierig, wenn der Sekt zur Neige geht", sagte Ludger. „Das kann ich so gar nicht ab."

„Was heißt denn handeln?", fragte ich, „Haben die einen Laden?", um schlussendlich die Hose ausziehen zu können.

„Die haben so siebenundzwanzig Läden", antwortete Ludger abgeklärt.

„Das ist dann so die Kategorie Großhandel, oder?", wollte die Prinzessin wissen.

„Das ist so die Kategorie, wo sich die Kinder keine Sorgen ums Leben machen müssen", sagte Ludger.

Die Prinzessin und ich waren beeindruckt und zugleich fragten wir uns, ob das, was Ludger gerade erzählt hatte, die Wahrheit war. Aber so wenig wie er normalerweise von sich erzählte, traute ich ihm kaum zu, uns in diesem Moment hinters Licht geführt zu haben. Die Prinzessin setzte sich auf den dritten Campingstuhl und ich, der inzwischen nur noch in Boxershorts und T-Shirt dastand, verschwand im Camper.

„Da, Ludger. Direkt unterm Camper. Da liegt noch eine Flasche", sagte die Prinzessin. „Frag mich doch einfach."

❋

Play

Ich saß alleine auf einer Bank hinter dem DJ-Pult in den Kronen. Ich war nervös. Ich hatte eine Tüte in der Hand.

„Hi", sagte die Prinzessin, als sie mich hier gefunden hatte.

Wir waren zusammen hergelaufen und hatten uns verloren, als ich mich setzen musste. Mein Timing war nicht das beste. Am Camp hatten wir uns noch den verschollenen Sekt gegönnt, danach noch zwei Lines Pep und ein paar Joints und irgendwie triggerte das nochmal alles andere, was ich am Tag schon in mich reingeschüttet, gestopft und geschluckt hatte. Es ging mir gerade echt nicht gut.

„Hallo Prinzessin, es geht jetzt gleich los, richtig?"

„Wir haben noch ein bisschen Zeit."

„Ach so. Ja gut. Aber hast du das auch alles richtig durchgerechnet?"

„Das wurde alles gut kalkuliert."

„Ach so. Ja, gut. Sag mal, was soll ich denn spielen?"

„Hast du denn keine Tracks rausgesucht für heute?"

„Doch. Ja, klar."

„Ja, dann spiel die doch."

„Ja, die kann ich spielen."

„Du kannst ja mal gucken."

„Ja, ich gucke mal."

„Du gehst einfach gleich hin und dann schaust du mal, was du glaubst, was passt."

„Ja, das mache ich eh. Mach ich ja immer."

„Ja, gut. Und ich bin ja auch noch da. Übrigens ist der Joint in deiner Hand kein Ziehrohr. Den darfst du ruhig weitergeben." Die Prinzessin griff nach der Tüte. Ich war nicht nur nervös, ich stand vor allen Dingen unter den Einflüssen einer zwei Tage langen Drogenodyssee. Ich zitterte. Mein rechtes Knie wippte im Takt auf und ab. Ich merkte, wie meine Kiefer unkontrolliert kauten. Die Prinzessin reichte mir unaufgefordert einen Kaugummi. Ein schlechtes Zeichen.

„Okay Gregor, ich glaube, ich geh dir lieber noch ein Wasser holen. Bleib mal hier sitzen, ja?"

Ich erinnerte mich an den Moment vor ein paar Tagen, als wir gemeinsam am Flughafen standen und uns darauf freuten, ein paar Tage nur für uns und ohne alle anderen zu haben. Die Prinzessin hatte ihren großen Rucksack umgeschnallt und ihre alten Turnschuhe an, die sie eigentlich nur noch dann trug, wenn sie wusste, dass ihre Wege sie irgendwohin führen würden, wo ihre Schuhe am nächsten Morgen schmutzig waren. Ihre Haare waren zu einem Dutt zusammengesteckt und nichts an ihr machte den Anschein, dass sie gerade etwas anderes im Sinn hatte, als mit mir in den Flieger zu steigen und eine gute Zeit zu haben. Das war ein schöner Moment und es fühlte sich so an, als wäre das etwas, das wir ständig machen könnten. Auf der Anzeigetafel in der Flughafenhalle stand unser Flieger pünktlich angekündigt. Die Sicherheitskontrollen hatten wir schon hinter uns gelassen und jetzt konnten wir uns zwei Sitzplätze suchen und darauf warten, dass das Boarding begann.

So, wie wir auch jetzt darauf warteten, endlich loslegen zu können. So froh ich darüber war, dass die Prinzessin sich mir nun annehmen würde, so verwundert war ich darüber, dass Ludger weit und breit nicht zu sehen war. Ich kannte hier niemanden. Und was ich jetzt tun musste, das war, zu warten. Warten auf die Prinzessin und das Wasser. Das war machbar. Irgendwie würde sich schon alles regeln. Mir war bewusst, dass ich die verbleibende Zeit nutzen musste, um wieder klar zu werden. Ich wusste aber auch, dass mir Speed dabei nicht viel helfen konnte. Wach war ich ja schon mehr als genug. Ich konnte kiffen. Kiffen war immer gut. Kiffen war eigentlich nie verkehrt. Während ich mein Drehzeug aus meiner Brusttasche holte, dachte ich trotzdem wieder über eine Nase Speed nach. Noch war das Problem aber, dass die Prinzessin darüber verfügte und ihr Standort mir gerade nicht in den Kopf wollte. Hatten wir uns verabschiedet? Hatten wir eben nicht noch zusammen Keta gezogen oder war das gestern? Nein. Wasser wollte sie holen. So war das. Ich hoffte, dass auch Ludger bald auftauchen und mir einige Fragen beantworten konnte. Er hatte sich im Camp noch für ein, zwei Stunden schlafen gelegt. Er wollte direkt nach unserem Gig den Camper nach Hause fahren. Ich ging ein paar Meter hin und her und kam an einer Sitzecke weiter hinten in der Booth zum Stehen. Hier lagen ein großes Baggy mit weißem Pulver und eine Sparkassenkarte von Peter Dohrmann aus Kassel. Es war ziemlich eng hier. Neben dem DJ hingen vielleicht noch zehn weitere Menschen rum. Ich konnte mir keinen Reim darauf machen, wer diese ganzen Menschen waren und warum sie gerade hier abhängen mussten. Ich konnte mir allerdings gut vorstellen, dass ich als verstrahlter Unbekannter für das meiste Aufsehen sorgte, und nahm mir eines der letzten Biere aus dem Kühlschrank. Dann stellte ich mich so weit wie möglich nach vorne, um noch näher am DJ-Pult zu stehen. Schaute man über die Player und den Mischer hinaus auf den Floor, erkannte man viele fröhliche Gesichter, die gemeinsam feierten und lachten. Menschen in Morgenmänteln, die hier schon den ganzen Tag oder die ganze Nacht oder das ganze Wochenende so verbracht hatten. Ich stellte nach einigen Blicken unaufgeregt fest, dass ich inzwischen zusätzlich zu meinem restlichen Rausch ein paar Halluzinationen hatte. Zu lange wach. Zu drauf. Sowas. Daher kam das. Es war so, wie wenn ich zu lange in die Sonne oder eine andere Lichtquelle geschaut hatte, als wären unterschiedlichste Farben auf meiner Netzhaut eingebrannt und als würden die Farben nun zusammen mit den Menschen, den Quallen und Totems und der Lichtanlage tanzen. Und immer wieder knallte hier oder da ein Sektkorken. Unglaublich. Nicht zu verstehen, wenn man nicht dabei war.

„Schön, wenn man Bock darauf hat. Gerade aber etwas unpassend", sagte ich. Es stand allerdings niemand neben mir, mit dem ich mich unterhielt. Ich erinnerte mich daran, wie ich bei der Open-Air, zu der die Prinzessin mich an unserem ersten Abend mitgenommen hatte, unter einem gebatikten Tuch saß, das in die Bäume gespannt war. Mit Mustern und Farben und mit diesem komischen, neuen Gefühl, das ich durch die Ecstasy-Pille an diesem Abend zum ersten Mal fühlte. Ich schwitzte so unendlich viel, dass sie mich alle zehn Minuten fragte, ob ich wirklich genug Wasser getrunken hatte und jedes Mal, wenn ich mit *Ja* antwortete, stellte ich fest, dass meine Flasche noch bis oben hin voll mit Wasser war und ich überhaupt nichts getrunken hatte. Schon damals war die Prinzessin für mich Wasser holen gegangen und schon damals hatte sie sich um mich gekümmert. Ich hatte ein schlechtes Gewissen, so kurz vor unserem Auftritt ihre Fürsorge ein weiteres Mal so intensiv in Anspruch nehmen zu müssen und nahm mir vor, mich dafür zu entschuldigen, sobald ich sie das nächste Mal sah. Für einen kurzen Moment bildete ich mir ein, die Prinzessin auf der Tanzfläche zu erkennen, aber sicher war ich mir nicht. Ich sehnte mich nach ihr und auch danach, dass Ludger wiederkam und mir zeigte, wo ich meinen USB-Stick reinstecken konnte. In diesem Moment wurde mir klar, warum ich so nervös war. Ich war so nervös, weil das Auftreten vor anderen Menschen eine völlig unnatürliche Handlung war. Pinguine beispielsweise stellten sich ja auch nicht voreinander auf und spielten ein Theaterstück. Dieses Auftreten war eine Erfindung dieser Menschheit, die sich keine Gedanken mehr darüber machte, was eigentlich natürlich war und was nicht. So war das. Ich dachte darüber nach, ob ich ein zu phlegmatischer Mensch war. Dann dachte ich darüber nach, ob ich einen Fleck auf dem T-Shirt hatte. Dann überlegte ich, ob zwischen meinem Phlegmatismus und dem Fleck auf meinem T-Shirt ein Zusammenhang bestand. Dann überlegte ich, woher ich das Wort Phlegmatismus kannte.

„Prinzessin, meinst du ich habe den Fleck auf dem Shirt, weil ich zu faul bin, es zu waschen."

„Ja, das kann ich mir sogar ziemlich gut bei dir vorstellen. Wusstest du, dass Ballern ein Teekesselchen ist?", fragte sie. Keine Ahnung, wo sie auf einmal herkam.

„Wo kommst du denn auf einmal her?"

„Ich bin schon die ganze Zeit hier. Ich kläre gerade mal, dass wir hier mehr Platz bekommen, ok?"

„Ok, Prinzessin. Sag Bescheid, wenn ich was machen soll, ja?"

„Ja, na klar!", sagte sie und lächelte mich an. Anscheinend war ich ein lustiger Verklatschter und kein nerviger Verklatschter. Anscheinend machte sich die Prinzessin keine Sorgen darum, ob ich das mit dem Auflegen hinbekommen würde. Anscheinend war der Fleck auf meinem T-Shirt so schlimm nicht. Glück gehabt. Ich hatte keine Ahnung, was als Nächstes passieren würde, aber etwas durch die Nase zu ziehen, schien mir eine gute Idee. Auf dem kleinen Tisch in der Sitzecke neben dem Kühlschrank schien es alles zu geben, was man sich wünschen konnte. Ich schlängelte mich langsam durch den Pulk an Menschen, der hier noch immer eng an eng stand, bis ich es dorthin geschafft hatte.

„Kann ich da was ziehen?", musste ich schreien, um gehört zu werden.

„Ja klar, Mann. Keine Ahnung. Das liegt hier einfach. Das ist für alle", sagte einer der beiden Typen, die hier saßen.

„Was ist es denn?"

„Weiß nicht. Glaube Koks."

Ich drückte meinen kleinen Finger kurz auf den Spiegel und in das weiße Pulver, das darauf lag. Dann nahm ich einen Hauch einer Fingerkuppe davon in den Mund. Keine Ahnung was das war. Dass es kein MDMA war, konnte ich noch erkennen. Erschmecken, was es war, konnte ich aber nicht. Auch nicht, als ich zum zweiten Mal an dem weißen Berg probierte. Ich war ja auch kein Drogenfahnder.

„Prinzessin? Ist das eine gute Idee?", fragte ich.

Keine Ahnung wo sie jetzt schon wieder war. Ich setzte mich, griff nach einer weiteren Sparkassenkarte, dieses Mal von Arnold Brachmann aus Braunschweig und legte mir damit eine Line.

Ich erinnerte mich daran, wie wir beide in einer fremden Stadt nachts um vier vor verschlossenen Clubtüren standen und die Prinzessin die Sicherheitsleute am Eingang davon überzeugen musste, dass wir beide diejenigen waren, die gleich hier spielen würden. Unsere Handys waren leer und es gab keinen Weg, die Bookerin zu erreichen. Auf unsere Bitte, sie zu suchen, waren die Securitys nicht eingegangen. Ich konnte mir vorstellen, dass sie schon öfter von Leuten gehört hatten, dass sie jetzt gleich unbedingt in den Club müssten, um aufzulegen. Wie die Prinzessin uns am Ende hineingebracht hatte, wusste ich nicht mehr. Es war einer von vielen verschwommenen Abenden. Vielleicht warf ich auch unterschiedliche Erinnerungen von verschiedenen Abenden zusammen. Ich wusste es nicht.

In meiner Brusttasche musste noch ein Röhrchen sein. Während ich mir geduldig alles zurechtlegte und mir zeitgleich einen Eindruck davon machte, was für Gestalten hier gerade unterwegs waren, erkannte ich im Augenwinkel, wie die Prinzessin anfing, die Leute vom DJ-Pult wegzuschicken und aus diesem Backstage-Bereich zu vertreiben. Die meisten reagierten ziemlich ruhig auf ihre freundliche Ansage. Dann traf sie allerdings auf einen Kerl, der mir besonders dadurch auffiel, dass er ein Funkgerät an seinem Gürtel trug und einen Knopf im Ohr hatte. Sie sah das allerdings nicht, da der Kerl nur mir mit dem Rücken zugewandt stand.

„Ey, wer bist du denn?", fragte der Security-Mensch.

„Ich bin die Prinzessin.“

„Hallo Prinzessin.“

„Hallo Mann, von dem ich nicht weiß, dass er ein Funkgerät hat und wahrscheinlich zu den Securitys gehört.“

„Ich trage ein Funkgerät und gehöre wahrscheinlich zu den Securitys.“

„Ach so?“

„Ja.“

„Ja cool. Guck mal, da hinten sitzt der Gregor. Wir legen gleich hier auf.“

So oder so ähnlich stelle ich mir das Gespräch vor, dass die beiden gerade führten. Jetzt zeigte die Prinzessin mit ihrem Zeigefinger auf mich. Der Security drehte sich zu mir. Ich winkte noch, kurz bevor ich mir das Röhrchen an die Nase setze und mich zum Tisch beugte. Modus: On! Aber Hallo. Endlich. Ich musste noch eine halbe Minute darauf klarkommen, dass ich jetzt wieder klarkam, und los konnte es gehen. Prinzessin? Da. Ich? Da. Ludger? Wird schon. Easy. Voller Energie stand ich auf, ging an den beiden vorbei und stellte mich erneut neben den DJ, der gerade spielte.

„Wie lange spielst du noch?“, fragte ich.

„Ich bin jetzt gleich fertig. Zwei Tracks. Hier kannst du rein.“

Er zeigte auf den freien USB-Slot am ganz rechten Player. Noch immer war ich zittrig. Aber der Stick passte beim ersten Versuch. Während ich mich auf das Kauen meines Kaugummis konzentrierte, suchte ich die Playlist für den Abend raus. Ich wusste nicht mehr, welchen Track ich mir für den Anfang des Sets überlegt hatte. In den Augenwinkeln erkannte ich noch, wie die Prinzessin sich neben mich stellte, mich anschaute und mir selbstsicher zunickte. Der letzte Track des DJs vor uns lief aus. Vier. Drei. Zwei. Eins. Ende. Applaus. Play.

❋

Frieda

Vor etwa zwei Jahren saß ich das erste Mal in der Frieda. Die Kneipe war damals schon mehr als zehn Jahre in unserem Viertel ansässig, also länger als ich und Moritz, den ich bis dahin auch schon ein paar Jahre kannte. Er hatte mich eingeladen, mal wieder einen zu heben. Schon die Einladung zum Heben erschreckte mich anfangs. Wir beide hatten uns jetzt schon länger nicht gesehen und ich fragte mich, woher sein plötzlicher Enthusiasmus rührte. Seit unserem Abschluss war es mit den Treffen und dem Kontakt immer weniger geworden. Seine Freundin Becky hatte vor einiger Zeit ihr erstes Kind mit ihm bekommen und von da an war er von der Bildfläche verschwunden. Ich traf mich aus Höflichkeit mit ihm und der alten Zeiten wegen und weil ich ihn ja auch gut leiden konnte, aber nicht, weil ich auf einen grandiosen Abend mit unvergesslichen Geschichten gehofft hatte. Mir war klar, dass er pünktlich sein würde, also beschloss ich, ein paar Minuten vor unserer Verabredung da zu sein. Ich wartete an der Theke und wählte dafür einen Sitzplatz, von dem ich die gesamte Kneipe gut überblicken konnte. Pünktlich um zwanzig Uhr betrat Moritz die Frieda. Es war kaum ein Gast da und deshalb sah er mich sofort, kam auf mich zu und wollte mich umarmen, während ich noch auf dem Barhocker saß.

„Ja hi, Gregor. Na alles gut?"

„Hi Moritz. Wie geht´s dir?"

„Ja gut. Gut. Gut. Es geht mir wirklich gut", sagte Moritz. Er lächelte. Er freute sich sichtlich, mich zu sehen. Und ich freute mich irgendwie auch. Das war nett. Das war schön. Die erste Minute unseres Abends hatten wir ja auch schon gut gemeistert. Moritz setzte sich neben mich. Er war nach dem Studium direkt ins Berufsleben eingestiegen und konnte aus seinen ersten drei Monaten im Job schon wirklich viel berichten.

„Ja. Meine Probezeit ist jetzt gerade rum und die Kollegen und Kolleginnen sind wirklich mega nett. Morgens wird meistens zusammen gefrühstückt und danach geht es dann an die Arbeit. Das ist fast schon familiär, obwohl da so viele arbeiten."

„Wie viele seid ihr denn?"

„Ach bestimmt so zwanzig Leute oder so. Ich habe da bisher noch immer nicht alle kennengelernt. Ich habe das Gefühl, da kommt jeden Tag noch jemand dazu.“ Moritz lachte. „Ich habe einen coolen Arbeitsplatz, zwar nicht mit Fenster direkt am Tisch, aber ich bin ja auch neu da. Ich glaube das ist normal. Links von mir sitzt Julia, die macht Design und rechts von mir sitzt Stefan. Wirklich ein netter Kerl. Der macht IT und Konzept oder sowas. Habe ich noch nicht genau verstanden, wo da die Grenzen verlaufen und wo nicht. Auf jeden Fall haben wir letzte Woche einen neuen Kunden bekommen und ich bin jetzt unterstützend im Projektmanagement dabei. Ich glaube das wird dann so mein richtiger, wirklicher Einstieg. Da kann ich zeigen, was ich kann und ich bin auch echt motiviert, also ich glaube, ich bin da gut aufgehoben.“

Es war fünf nach acht. Auf der einen Seite war ich froh, dass Moritz so viel zu erzählen hatte, denn ich hätte das nicht gekonnt. Auf der anderen Seite war es anstrengend, ihm zu folgen, da sie ziemlich genau dem entsprach, was ich vorher schon vermutet hatte.

„Letzte Woche, habe ich zum ersten Mal mit der Chefin zu Mittag gegessen“, erzählte er, während ich mich in der Frieda umsah. Ich überlegte, ob ich während des Studiums mal hier gewesen war. Wenn ja, dann konnte ich mich auf jeden Fall nicht mehr daran erinnern. Die Wände waren schwarz gestrichen und das Mobiliar war in einem bordellartigen Rotton gehalten. Ich konnte mir gut vorstellen, dass hier irgendwann auch mal ein Bordell gewesen sein könnte. Der Raum war etwa zehn mal zehn Meter groß und die einfachen Holztische und Stühle in der Mitte hätten so auch in einem Saloon stehen können. Über der massiven Eingangstür hing ein Geweih. Sicherlich schon seit hundert Jahren oder so. Bestimmt hatte es schon immer dort gehangen und falls in den letzten hundert Jahren eine Renovierung hier stattgefunden haben sollte, dann wäre um das Geweih herum renoviert worden. An den Fensterfronten zur Straße hingen schwere Vorhänge, die zu dieser Uhrzeit noch nicht zugezogen waren, zu späterer Stunde aber offensichtlich dazu dienten, Privatsphäre zu schaffen. Die Theke, an der wir saßen, lag, wenn man reinkam zur rechten Seite des Raums und erstreckte sich über die komplette Länge. Dahinter eine lange Spiegelfront, zugestellt mit Gläsern aller Art und einem überaus reichhaltigen Konglomerat an Schnapsflaschen.

Um zehn Minuten nach acht erzählte Moritz dann endlich, wie süß das Kind seiner Chefin auf den Urlaubsfotos aussah, die er gezeigt bekommen hatte. So langsam wünschte ich mir, dass die Kellnerin am anderen Ende der Theke von ihrem Handy aufschauen und uns bedienen würde. Ich schätzte sie auf Mitte bis Ende zwanzig. Sie hatte lange, blonde Haare, trug eine enge Jeans mit einem bauchfreien, schwarzen Top und Turnschuhe und hatte irgendwelchen glitzernden Schmuck in die Haare geflochten. Das Blinken und Glitzern reichte bis zu uns herüber. Ich legte meinen Arm auf die Theke, um zu suggerieren, dass wir jetzt bereit wären, etwas zu bestellen. Im selben Moment erhob sie ihren Kopf und schaute zu uns. Sie lächelte. Dann starrte sie wieder auf ihr Handy. Unverschämtheit.

„Sollen wir mal was bestellen?", fragte Moritz schließlich, ich vermutete, dass er gemerkt hatte, dass ich etwas unruhig geworden war.

„Ja klar. Wie wäre es mit Vodka und Bier?", fragte ich, ohne lange zu überlegen.

„Oh. Ok", entgegnete Moritz.

„Wieso, was nimmst du denn?"

„Nein. Alles gut. Klingt gut. Vodka und Bier zum Einstieg. Geil." Moritz lächelte. „Heute wird ein guter Abend."

„Ja. Genau", antwortete ich.

„Geil", entfuhr es ihm ein zweites Mal. Ich gebe zu, dass ich zu diesem Zeitpunkt schon alle Klischees durchdacht hatte, die ein junger Familienvater und dessen ehemaliger Studienkollege in einer Szenekneipe zur Verfügung hatten und Moritz nach und nach in jede Schublade eingeordnet hatte, die sich dabei öffnete. Ich stellte mir vor, dass er schon seit Wochen keinen Menschen mehr gesehen hatte, abgesehen von Becky, seinem Kind, dessen Namen und Geschlecht ich nicht oder nicht mehr kannte und seinen Arbeitskolleginnen und Kollegen. Mir tat das irgendwie leid, denn ich glaubte zu sehen, wie er jetzt nach Auslauf gierte, wie ein junger Hund, der spielen wollte, aber trotzdem konnte ich mich nicht dafür begeistern, ihm jetzt von der Welt und dem Leben zu erzählen, das er für sein neues Lebensmodell geopfert hatte. Moritz schaute sich um und sah erst spät, dass die Kellnerin, in seinem Rücken sitzend, ignorierte, dass wir offensichtlich etwas trinken wollten. Unser Gespräch kam kurz zum Erliegen, als wir uns beide zur Theke drehten und noch eindringlicher darauf warteten, endlich bedient zu werden. Jetzt hob die Kellnerin ein zweites Mal ihren Kopf an, stand von ihrem Barhocker auf und kam zu uns hinübergelaufen.

„Hi, Jungs. Was darf es sein?“

„Hi“, fing Moritz an. „Also wir hätten gerne zwei Vodka und zwei Bier.“

„Vodka als Shot?“

„Ja. Und zwei Bier.“

„Vom Fass?“

„Ja.“

„Okay.“

Sie lief wieder zur anderen Seite der Theke und holte zwei Shotgläser aus dem riesigen Regal hinter sich.

„Und? Sind deine Bewerbungen jetzt alle raus?“, fragte Moritz.

„Ja. Ja. Die habe ich schon lange verschickt und mal gucken. Habe noch nichts gehört.“

„Wo denn so?“

„Ach ich habe einfach im Studi-Portal alles abgegrast, was so gepasst hat. Da war schon einiges dabei.“

„Du, wenn du willst kann ich auch mal bei uns fragen. Wäre doch witzig, dann säßen wir wieder jeden Tag nebeneinander“, schlug Moritz vor.

„Ja, das wäre wirklich witzig“, antwortete ich, obwohl ich von der Witzigkeit nicht überzeugt war. „Was habt ihr denn noch für Stellen offen?“

„Also im Moment glaube ich, ehrlich gesagt, gar keine. Aber so, wie ich es verstanden habe, kann man immer ein Praktikum machen.“

„Aha.“

„Ja, genau. Bereich kann man ja dann gucken. Da passt du doch überall rein. Und deine Noten haben doch auch immer gestimmt.“

„Ja, da hast du recht. Wenn du willst, dann frag doch mal. Ich habe ja Lebenslauf und so auch schon fertig, kann ich dir alles rüberschicken.“

„Ja, mach mal“, antwortete Moritz begeistert.

Die Kellnerin hatte es inzwischen geschafft, den Vodka einzuschütten und das Bier zu zapfen. Endlich stellte sie die Gläser vor uns ab.

„Wollt ihr direkt bezahlen, oder braucht ihr einen Deckel?“

„Wir bekommen einen Deckel“, sagte ich. „Danke.“

„Alles klar“, sagte sie, holte einen Bierdeckel aus der Theke hervor, auf dem sie vier Striche notierte. Zwei Mal Bier. Zwei Mal Schnaps. „Wie heißt du?“, fragte sie und schaute mich an.

„Gregor.“

„Gregor“, wiederholte sie und schrieb meinen Namen auf. „Schön“, sagte sie und lies uns wieder alleine.

Moritz und ich erhoben die Shots, stießen an und kippten den Vodka herunter. Ich genoss das Brennen im Hals. Als Moritz sein Shotglas wieder auf die Theke knallte, riss er seine Augen auf und seine Mundwinkel hoch. Ich bekam etwas Angst. Erst schaute ich nach links, dann nach rechts. So langsam hatte ich die gesamte Kneipe inspiziert und es gab keine Ecke und keine Wand mehr, an die ich schauen konnte, ohne etwas zu sehen, was ich nicht schon gesehen hatte. Moritz Erzählungen und Ideen waren nicht das, was ich gerade brauchte. Es war nicht so, als ob ich ihn nicht sehen wollte, es war eher so, als dass ich lieber meinen alten Studienkameraden gesehen hätte, als den angehenden Businessmann, der er jetzt war. Wenn er jetzt noch anfangen würde von seinem Kind zu sprechen, wären mir die letzten Klischees und Schubladen ausgegangen, mit denen ich bisher gearbeitet hatte.

Ziemlich genau zwanzig Minuten nach acht fiel zum ersten Mal der Name Emma. „Sie ist jetzt ein halbes Jahr alt, aber das weißt du ja. Becky und ich sind mega happy. Aber ich habe schon so lange keine Nacht mehr durchgeschlafen. Das muss man sich ja echt überlegen, wenn man Kinder bekommen will. Obwohl. So viel zu überlegen gibt es da ja nicht. Ich habe ja immer gesagt, es gibt keinen perfekten Zeitpunkt, um Kinder zu kriegen.“

In meinem Kopf versuchte ich die Textzeilen eines Songs zu rekonstruieren, den ich neulich erst in einer Vietnam-War-Era-Music-Playlist für mich wiederentdeckt hatte.

„Wir stehen jeden Morgen um sechs auf. Dann wird erstmal gelacht und gespielt“, fuhr Moritz fort. „Mal steht sie früh auf. Mal ich. Wir sprechen uns ab, damit auch jeder noch genug Zeit für sich selbst hat. Wir nennen das Me-Time.“

Ich überlegte, wie der Refrain des Songs war. Irgendwas mit *Way* und *Life*. In jedem Fall ging die Melodie so ähnlich wie *Nanana Nana. Nanananana. Nana.*

„Wir hatten so ein Glück mit dem Kita-Platz. Den bekommen wir nämlich rechtzeitig und das ist direkt bei uns um die Ecke und ich kann dann auf dem Weg ins Büro hin und sie absetzen und sie auf dem Rückweg abholen. Wenn ich wollte, könnte ich sogar kurz in der Mittagspause mit dem Rad rüber. Das wird echt eine Erleichterung, wenn es soweit ist."

This is the way. This is the life. Nein. Falsch. Nochmal.

This is my life. This is the way. Nein. Falsch. Nochmal.

Nananananana. Nanananananana. Nanananana Naaa. Naaa. So. Genau. Mit *Naaa. Naaa.* Am Ende. So war es richtig.

„Wie ist das eigentlich? Triffst du dich noch mit deiner Anna?", fragte Moritz. Ich verschluckte mich an meinem Bier. Nicht nur weil es um Anna ging, sondern auch, weil ich nicht damit gerechnet hatte, in dieser Stunde nochmal Redeanteile zugesprochen zu bekommen.

„Ja, das läuft noch. Wir kennen uns inzwischen schon ziemlich gut und..."

Ich wurde durch das Klingeln von Moritz Handy unterbrochen. Ich erkannte Beckys Namen auf dem Display. Er nahm das Telefonat sofort an und entschuldigte sich mit einer Handgeste, die so etwas sagte wie ‚Einen Moment' oder ‚Dauert auch nicht lange', stand auf und verließ die Frieda. Sein Portemonnaie lag noch immer neben unseren Gläsern auf der Theke. Irgendwie war ich froh um die Stille, die eingekehrt war und auch darum, nicht von Anna erzählen zu müssen. In mir war für kurze Zeit die Angst aufgekommen, dass Moritz Anna und ich mich zu einem gemeinsamen Abendessen mit Becky und sich einladen wollte, vorausgesetzt, dass sie für den Abend einen Babysitter oder eine -sitterin fänden. Inzwischen waren wir nicht mehr die einzigen Gäste, die Kellnerin schien sich für die neu dazu gekommenen aber genauso wenig zu interessieren, wie sie es am Anfang bei uns tat. Die Leute saßen bestimmt schon zehn Minuten an ihrem Tisch und erst jetzt bequemte sie sich, zu ihnen rüber zu laufen. Dabei kollidierte sie beinahe mit Moritz, der gerade wieder hereinkam und zu mir eilte.

„Gregor. Ich habe schlechte Nachrichten. Emma hat wohl ihr halbes Bettchen vollgekotzt und Becky ist unsicher, ob sie sie jetzt einfach wieder hinlegen kann."

„Also, ich würde halt das Bett vorher sauber machen."

„Habe ich auch gesagt, fand sie aber gar nicht lustig. Ich muss da jetzt auf jeden Fall erstmal hin und schauen, was los ist. Sorry."

„Du, kein Problem. Sowas geht vor", antwortete ich und versuchte, mir meine Erleichterung über die Wendung des Abends nicht anmerken zu lassen.

„Was schulde ich dir denn?"

„Moritz. Lass gut sein. Ich lad dich ein", sagte ich, stand auf und erhob meine Hand, um mit ihm einzuschlagen. Moritz fasste das aber eher als Einladung zu einer weiteren Umarmung auf und ehe ich mich versah, lagen wir uns in den Armen. Jetzt drückte er seinen Kopf fest an meine Brust.

„Danke für den schönen Abend", sagte er und wirkte dabei wirklich traurig, dass er schon wieder gehen musste. Das konnte ich nur allzu gut nachvollziehen.

„Können wir ja mal wiederholen", sagte ich, während Moritz seine Sachen in die Taschen packte, sich umdrehte und aus der Kneipe lief.

„Unbedingt", rief er. „Ich ruf dich an, ja?"

„Alles klar. Bis bald", antwortete ich und setzte mich wieder auf meinen Barhocker. Moritz war noch keine zehn Sekunden weg, da sprach mich die Kellnerin auf dem Rückweg zur Theke an.

„Du lügst ja."

„Hä? Was? Wieso denn?"

„Mit dem triffst du dich doch eh nicht nochmal", fuhr sie fort. „Du kannst mir doch nicht erzählen, dass du bis gerade eben Spaß hattest."

„Nee. Das wollte ich auch gar nicht erzählen", sagte ich. „Ich wollte eigentlich gar nichts erzählen."

„Ja, das hat man gemerkt. Also. Ich habe das auf jeden Fall gemerkt. Ich weiß nicht, was dein Kumpel gemerkt hat. "

„Kann ich dir jetzt auch nicht sagen", antwortete ich. „Der war jetzt so in seinem Film. Aber ist ja auch okay. Ist ja sein Film."

„Ja klar, was du sagst halt", antwortete sie. „Aber dann lass mich mal raten", sie lehnte sich auf ihrer Theke nach vorne. „Du bist eher so der Draufgänger-Typ, der das alles langweilig findet, was dein Kumpel erzählt hat", startete sie ihre, wie ich schätzte, allabendliche Psychoanalyse am Kunden.

„Nee, ich find das nicht alles langweilig, aber ich will halt noch was erleben. Und halt was anderes erleben als das."

„Ja, kann ich verstehen. Wer will das nicht?" Sie holte eine Schachtel Zigaretten aus ihrer hinteren Hosentasche, zog eine heraus und zündete sie an. „Willst du auch?"

„Nein, danke. Ich rauche keine Zigaretten."

„Ah okay. Ja, ich will auch bald mal aufhören. Ist echt ekelhaft, irgendwie", sie zog zwei weitere Male. Inzwischen hatten sich zwei weitere Gäste an einen Tisch gesetzt. „Hier ist kein Service am Tisch. Die Leute raffen das aber nicht. Robin hat gesagt, ich soll mir die Gäste einfach erziehen. Robin ist der Chef hier", sagte sie.

„Ich verstehe."

„Ja? Ja wunderbar. Du wirkst sowieso, wie ein schlauer Typ. Wie ein Fuchs. Aber kein normaler Fuchs aus dem Wald. Eher so ein schäbiger Stadtfuchs. Find ich gut. Also wenn du Lust hast, kannst du ja später mitkommen. Ich spiele auf einer Open-Air am Autobahnkreuz."

Die Einladung kam überraschend, aber genau richtig.

„Klingt gut. Wann geht es denn los? Und was spielst du?"

„Also, ich schätze mal, ich bin hier noch so bis zwölf, vielleicht eins. Dann werde ich abgelöst und fahre mit dem Rad rüber. Bist du mit dem Rad?"

„Yes."

„Ja geil. Ich spiele auch erst um vier. Also alles easy, peasy. Und ich spiele Downtempo."

„Nice."

„Ja geil. Freu ich mich drauf, Gregor." Die Kellnerin warf einen leicht genervten Blick zum Tisch in der Mitte, an dem die Leute gerade damit anfingen sich nach ihr umzudrehen. „Ach, die Menschen lernen es einfach nicht", sagte sie resignierend.

„Hast du denn auch einen Namen?", fragte ich.

„Ja, na klar habe ich einen Namen, wer hat denn keinen Namen?" Sie machte ein paar schnelle Schritte hinter der Theke hervor und lief zu dem Tisch mit den neuen Gästen. Im Spiegel hinter der Theke erkannte ich, wie sie zwar eine Bestellung aufnahm, die beiden Gäste aber auch darauf hinwies, dass sie beim nächsten Drink zur Theke kommen sollten. Kaum war die Bestellung aufgenommen, stand sie auch schon wieder hinter dem Zapfhahn und goss zwei Biere ein. Dabei schaute sie wieder zu mir. „Willst du raten, welcher Name zu mir gehört? Das könnte lustig werden", sagte sie.

„Ich kann dir auch einfach einen Namen geben, wenn du willst, dann musst du aber auch darauf hören."

Mit einem Mal hörte sie auf, das Bier zu zapfen. „Ich muss überhaupt nichts, Gregor. Das kannst du dir direkt mal merken. Aber das Schöne ist, dass du auch nichts musst. Wusstest du das schon? Also wenn du willst, gebe ich dir drei Versuche und dann gucken wir weiter. Du kannst mich aber auch einfach Prinzessin nennen. Das wäre mal was Neues."

„Ist gut, Prinzessin", sagte ich. „Ich glaube, das wird ein guter Abend."

Die Prinzessin hielt eines der beiden Biergläser wieder unter den Zapfhahn, machte ihn auf, setzte das Glas, als es voll war auf dem Tresen ab und lächelte mich freudig an. „Ja, das wird lustig. Mal schauen, was passiert."

❋

Danach

An der Hinterseite der Bar gab es eine Crewtheke, zu der man von hier aus direkt durchlaufen konnte. Überall standen Menschen und es war eng, obwohl der Backstage-Bereich doch so groß war. Hier konnten wohl kaum alle zur Crew gehören. Mit meiner Artist-Karte bestellte ich uns Bier. Es dauerte einige Minuten, so viel war los. Die Prinzessin war noch am DJ-Pult geblieben. Ich hoffte, dass wir jetzt ein paar Minuten für uns hatten, um zu reden. Gleichzeitig ärgerte ich mich darüber, dass ich die Prinzessin selbst und die Gelegenheit, mit ihr zu reden, nicht schon früher gesucht hatte. Nämlich vor unserem Auftritt. Jetzt, direkt danach, war hier ein Chaos. Als ich nach vielleicht zehn Minuten wieder zurück auf dem Weg zur DJ-Kanzel war, kam Ludger zeitgleich durch den Eingang des Backstage-Bereichs zu uns gelaufen.

„Das war gut. Das war richtig gut!", rief er uns noch im Laufen entgegen. „Das war richtig, richtig gut." Ich drückte der Prinzessin ihr Bier in die Hand.

„Wo warst du denn?", fragte ich Ludger.

„Ich war die ganze Zeit vorne links", sagte er. „Ihr habt mich nicht gesehen, oder?"

„Nee. Wieso bist du denn nicht hoch gekommen zu uns?", fragte die Prinzessin.

„Weil ich geilen Sound wollte. Deshalb. Nicht so Monitorbox-Geschrabbel. Leute das war stark!"

„Danke dir!", sagte ich.

„Also, ich lauf jetzt mal ins Camp und packe. Wir könnten dann nämlich gleich auf jeden Fall irgendwann los. Besser früher als später, oder?", fragte Ludger.

„Ja, schon", antwortete die Prinzessin. „Aber ich brauche auf jeden Fall noch ein wenig zum runterkommen."

„Ja. Ich auch", schloss ich mich an.

„In einer Stunde am Camper?", fragte Ludger langsam, leise und trotzdem bestimmt. Dann drehte er sich um, ging an die Bar, bestellte sich ein Bier und verließ den Backstage-Bereich, ohne uns noch einmal anzuschauen. Ich schwieg. Die Prinzessin schaute mich an. Mir wurde gerade erst wieder klar, wo wir hier waren. Ich schwieg weiter und fing an, auf meinen Lippen zu kauen. Mein Gesicht fühlte sich verspannt an. Gefühlt gingen mir dabei tausend unterschiedliche Gedanken durch den Kopf. Ich konnte aber keinen einzigen davon greifen und festhalten. Je länger unsere Stille anhielt, desto mehr wurden es und umso schwerer fiel es mir, nicht einen nach dem anderen unkontrolliert aus mir heraussprudeln zu lassen. Wir hatten immer nur das gemacht, wonach uns war. Wir hatten selten oder vielleicht nie nach den Regeln anderer gespielt und wenn wir ein Spiel verloren hatten, dann hatten wir den Verlust mit Fassung getragen und uns danach gegenseitig zum Weitermachen motiviert. Wir hatten unendlich viele Nächte bei einer Flasche Rotwein auf meiner Couch oder in ihrer Küche verbracht, unendlich oft zusammen gelacht. Auch oft zusammen geweint. Wir hatten zusammen an Raststätten gestanden, ohne zu wissen, wie wir weiterkommen sollten. Wir hatten einen Großteil von dem, was wir erlebt hatten, nur deshalb erlebt, weil der jeweils andere uns weitergebracht hatte. Wir hatten immer für zwei geplant. Wir waren einander zu unendlichem Dank verpflichtet und jede Art der Missgunst des einen dem anderen gegenüber war das Letzte, was wir verdient hatten. Ich bemerkte, wie mir die Tränen in die Augen schossen und eine nach der anderen aus meinen Augen fiel. Die Prinzessin nahm meine Hände in ihre, doch sie schaute mich dabei nicht mehr an.

„Gregor, das, was wir machen, ist toll. Und es macht so viel Spaß. Und ich will, dass du weitermachst. Und wenn du scheiterst, dann bin ich für dich da, ok?“, sagte sie. Dann schaute sie mir so ehrlich in die Augen, dass ich keine andere Wahl hatte, außer, ihr alles, was sie gerade gesagt hatte, ohne eine Spur des Zweifels zu glauben. Das war nichts als die Wahrheit und es bedeutete mir alles. Zeitgleich stieg in mir die Angst, dass sie als Nächstes sagen könnte, dass sich irgendwas ändern sollte.

„Ja, aber die Geschichte geht noch weiter“, sagte ich.

„Ja, ich weiß. Die Geschichte geht noch weiter“, antwortete sie. „Aber ich glaube wir sind an einem Punkt angekommen, an dem wir selber anfangen müssen, sie zu schreiben.“

„Ja, ich weiß, Prinzessin. Ich weiß.“

Sie ließ meine Hände wieder los und machte einen Schritt zurück.

„Ich kann jetzt nicht weiter mit dir reden. Das ist alles viel zu kompliziert gerade. Tut mir leid. Ich muss dir zwar noch was sagen, aber ich weiß jetzt gerade echt nicht wie, weißt du?“

Ich schwieg. Sie schloss kurz die Augen, so als würde sie sich konzentrieren und schaute mich dann wieder an. Ihr Gesichtsausdruck änderte sich dabei von mitleidig zu konzentriert.

„Und du musst weniger ballern. Echt. Ich habe keine Lust mehr auf diese Drogengespräche. Wir drehen uns im Kreis, du und ich.“

Die Prinzessin legte ihre Hand auf meine linke Schulter und ging an derselben Seite an mir vorbei. Die Geschichte selber zu schreiben, was sollte das bedeuten? Hatten wir es in der Vergangenheit verpasst, selber zu entscheiden, wie unser Leben aussieht? Hatten wir uns zu sehr treiben lassen? War der Weg, den wir bis hierher gegangen waren, nicht der Weg, den wir uns erhofft und erträumt hatten, sondern nur eine Aneinanderreihung von Zufällen, von Glück oder Pech. Ich stand noch einige Minuten ratlos herum, zwischen den Feiernden und den Arbeitenden, zwischen denen, die hier inzwischen drei oder mehr Tage miteinander verbracht und irgendwie, genau wie wir, ihr Glück gemacht und gesucht hatten. Mit einem leeren Becher in der Hand verließ ich den Backstage-Bereich. Ich wollte ganz langsam und nur für mich noch ein paar Schritte über das Gelände machen, bevor ich zu unserem Camp zurückkehrte.

Ich traf Anna, wie hätte es anders sein können, an der Lichtung zwischen Crewcamp, Kiosk und Festivalgelände. Wir erblickten uns und blieben voreinander stehen.

„Na“, sagte sie leise.

„Na“, sagte ich.

„Ein guter Gig. Ich war da.“

„Danke Dir.“ Wir lächelten uns an. „Ich bin todmüde. Echt fertig.“

„Ich glaube es dir, aber es hat sich gelohnt. Deine Reise. Deine Mühen. Für diesen Moment hat es sich doch gelohnt, oder nicht?“

„Absolut.“

„Das freut mich, wenn du das auch so siehst.“

„Auf jeden Fall“, sagte ich. „Komisch, dass wir uns gerade hier treffen.“

„Wieso?“

„Ich bin auf dem Weg zu den anderen. Wir fahren jetzt."

„Ach so. Krass. Ja stimmt. Komisch." Ich konnte auch Anna ihre Müdigkeit ansehen. Das Festival hatte Kraft gekostet. Ob es ihr auch Energie geschenkt hatte, so wie ich es ihr vor ein paar Tagen noch prophezeit hatte, vermochte ich nicht, einzuschätzen. „Ich fahre erst morgen früh. Was meinst du, sollen wir uns denn nächste Woche dann mal treffen?", fragte sie.

Ich stutzte: „Also..."

„Ach weißt du, überleg es dir nochmal, wenn du da bist."

„Nein, alles gut", erwiderte ich. „Alles gut. Es ist so, ich glaube ich habe in der Vergangenheit ein paar Fehler gemacht", sagte ich.

Anna legte ein paar Falten in ihre Stirn. „Ja? Was meinst du?"

„Schwer zu sagen. Es ist mehr so ein Gefühl."

„Meinst du, du hast falsche Entscheidungen getroffen?"

„Nein, nein", antwortete ich. „Nein, ich glaube das, was ich falsch gemacht habe, war, dass ich gar keine Entscheidungen getroffen habe."

Anna schaute traurig und fragend. „Das verstehe ich nicht. Was heißt das?"

„Weißt du, ich glaube, ich habe mich heute entschieden."

„Okay", sagte Anna. Dann standen wir noch ein paar Momente auf der Lichtung und schauten uns in die Augen.

„Ich muss jetzt los", sagte ich und Anna umarmte mich ganz fest. Ich hielt sie im Arm und erinnerte mich an so viel schöne Zeit.

„Mach´s gut, Anna", sagte ich und lies sie langsam los.

„Mach´s gut. Und danke für alles", sagte sie.

„Ich danke dir", sagte ich. Dann ging ich los.

Die Prinzessin, Ludger und ich trafen uns zur verabredeten Zeit beim Camper. Keiner von uns sprach ein Wort. Wir stiegen ein, Ludger machte den Motor an und setzte uns in Bewegung. Ihm stand die Sehnsucht nach vier Wänden irgendwie ins Gesicht geschrieben. Vor dem Festival hätte ich nicht damit gerechnet, ihn so erschöpft zu sehen. Noch ein paar letzte Blicke aus dem Fenster, dahin wo es blinkte und glitzerte und dahin wo diese bekackte Liebe gerade übers Festivalgelände flog, dann durch die Schranke, dann nach rechts und das Festival war für uns vorbei.

Die Prinzessin und ich saßen auf der Rückbank, die Ludger für die Fahrt wieder aufgeklappt hatte. Ich schaute still aus dem Fenster.

Wir waren fix und fertig und wussten dabei genau, dass das nur das erste von vielen Wochenenden war, die wir diesen Sommer noch zusammen verbringen mussten oder durften. Nicht alle im Camper. Nicht alle so ungewaschen. Nicht alle so verballert. Aber sicherlich jedes genauso laut, genauso voll, genauso lang und eben einfach doch genauso so. In der Hoffnung und Vorfreude, dass es ein gutes Wochenende würde, aber auch mit dem Wissen, dass jeder Moment alles auf den Kopf stellen konnte.

Ich fragte mich, ob ich der Prinzessin und auch Ludger dankbar genug gewesen war, dass sie diese Zeit meines Lebens, die mir so wichtig war, mit mir verbrachten und mir bei meinem Versuch, mich nach meinen eigenen Wünschen zu verwirklichen, zur Seite standen. An den Tagen, an denen wir feierten, lachten und tanzten, bis der Morgen kam, und noch mehr an Tagen, an denen einfach nichts passte und wir an- und miteinander verzweifelten.

In der letzten Stunde hatte niemand etwas gesagt. In der Scheibe spiegelten sich die Lichter der Wohnhäuser und Straßenlaternen, die man von der Autobahn aus sehen konnte. Der Himmel wurde langsam wieder hell.

„Erinnerst du dich noch an den Fischer in Porto, Gregor?", fragte die Prinzessin auf einmal leise. So leise, dass ich mir nicht sicher war, ob Ludger uns hörte.

Ich drehte mich zu ihr. „Ja, das weiß ich noch gut. Das war ein schöner Tag."

„Ja, das war es," sagte sie. „Wenn du mich damals auf der Mauer geküsst hättest, dann hättest du mich gehabt."

„Ja?"

„Ja."

„Oh."

„Ja."

„Das verstehe ich nicht."

„Da gibt es auch nichts zu verstehen. Ich sage dir einfach nur, dass es so gewesen wäre", sagte die Prinzessin. „Aber es spielt auch gar keine Rolle mehr. Ich weiß, dass du dich das gefragt hast. Deswegen wollte ich es dir sagen. Aber es ist eigentlich egal. Fragen an die Zukunft mit Wissen aus der Vergangenheit zu beantworten ist mindestens fahrlässig."

„Ja ich weiß.“ Ich machte eine kurze Pause. „Und heute?“

„Nein. Heute hättest du mich nicht küssen dürfen.“

„Nein das meine ich nicht. Ich meine, ob es dann heute noch immer so wäre. Ob ich dich heute noch hätte“, erklärte ich. Ludger kurbelte das Fenster runter und zündete sich eine Zigarette an. Er hatte vorgedreht. Er war schlau.

„Kennst du das, wenn du so einen Lauf hast? Wenn einfach alles passt?“, fragte die Prinzessin.

„Ja, klar kenne ich das. Wieso?“

„So, wie unser Set heute Nacht. Das hat mir gefallen. Da hast du mir gefallen. Da warst du einfach nur du.“

„Ja, das war ein tolles Set. Du hast recht.“

„Habe ich dir doch versprochen“, flüsterte die Prinzessin schnell und lächelte kurz.

Ludgers Zigarettenqualm zog bis zu uns nach hinten. Ich mochte den Geruch. In diesem Moment irgendwie passend.

„Ich hätte mich gefreut, wenn wir schon früher hätten reden können. Wie geht es dir denn?“, fragte ich.

Die Prinzessin griff nach meiner Hand und drehte ihren Kopf dabei wieder gen Fenster. Ich bemerkte erst jetzt den ganzen Schmutz unter den Fingernägeln und die trockene Haut.

„Es gibt Tage, an denen könnte ich heulen. Einfach nur weil ich weiß, dass ich irgendwann sterben muss“, flüsterte sie. „Und wenn du einmal erahnen kannst, wie tief deine Emotionen gehen, erfährst du erst die Angst davor, dass diese Gefühle unkontrolliert auf dich einprasseln.“

„Ja, ich verstehe, was du meinst.“

„Ja, ich weiß. Du verstehst immer, was ich meine. Du bist der Einzige, der immer weiß, wie es mir geht, nur weil du mich anschaust. Ich weiß, dass du das kannst, dass du meine Emotionen genauso gut kennst wie ich und mich viel zu oft lesen kannst wie ein Buch. Ich weiß das alles. Ich glaube, ich wusste das schon vor dir.“ Sie machte eine kurze Pause und auch ich sagte nichts. Dann schaute sie mich wieder an.

„Im Moment fühlt sich alles so wach an“, sagte sie. „Ich bin todmüde, aber insgesamt so aufgewacht aus einem Traum oder so. So wach, dass ich Angst habe es nie wieder zu schaffen, die Augen zuzumachen und zu träumen. Alles ist nur noch real, real, real. So fühlt sich das an. Und das weißt du aber nicht. Das siehst du nicht. Es ist nicht so, als ob du das nicht sehen wolltest, aber du kannst das nicht sehen. So viel Mühe du dir auch gibst. Das sehe ich in deinen Augen, wenn du mich so anschaust und das höre ich in deiner Stimme, immer wenn du unsicher bist."

Das war das erste Mal, dass mir die Angst, die Prinzessin zu verlieren, körperlich spürbar wurde. Mein Mund wurde trocken und meine Hände schwitzten wie aus dem Nichts. Meine Augen waren so müde. Ich konnte mir nicht vorstellen, diese Geschichte alleine zu schreiben. Es war undenkbar, nach einem der Auftritte nach Hause zu kommen und nicht zu wissen, wo die Prinzessin gerade war und wann ich sie wiedersehen würde. Bei dem Gedanken alleine zu sein, füllte sich mein ganzes Wesen nach und nach mit einer riesigen Leere. Da war einfach nichts und ich wollte nichts anderes, als zurück auf das Festival zu fahren, mit der Prinzessin am Strand liegen, im Camper schlafen oder mit ihr tanzen gehen. Da, wo es auf dem Festival laut und fröhlich war, war es nun schweigsam und grau. Da, wo mich vorher alle Menschen angelacht und angestrahlt hatten, spürte ich nur noch Leere. Da, wo der Konsum und der unglaublich nah aneinander getaktete Input von Musik, Licht und Leben geherrscht hatten, war jetzt einfach gar nichts mehr. Ludger zog noch zwei Mal tief an der Zigarette. Die Leere des Campers und unserer Gemüter nahmen mich komplett ein. Sie überfiel mich und ging in mich über, bis einfach nichts mehr von dem da war, was uns in den letzten Tagen zum Leben gereicht hatte. Trostlosigkeit und Öde überkam mich. Wie aus dem Nichts war ich wieder mit der Frage nach dem Sinn meines Seins und dem Verdruss über dasselbe erfüllt. Zugleich war mir jedoch klar, dass eine Rückkehr nicht möglich war. Weder zum Festival noch in alte Zeiten, als manche Dinge noch unausgesprochen waren und noch keinen Schaden verursacht hatten. Wir waren gegangen, weil das Festival jetzt für uns Geschichte war. Ende. Fertig. Vorbei. Ich wollte irgendwohin, nur nicht allein sein, egal wo ich war.

„Ja, du hast recht", sagte ich, während ich beobachtete, dass Ludger sich sofort, nachdem er die erste Zigarette ausgedrückt hatte, eine zweite anzündete. „Du hast recht. Das habe ich alles nicht gesehen. Es tut mir leid. Ich habe mich immer so gefühlt, als gehörte ich zu dir. Ich habe dich nie gefragt, ob du das überhaupt möchtest. Ich glaube, das war der Fehler, den ich gemacht habe. Es tut mir leid, wirklich. Ich habe dich und mich vor lauter *wir* und *uns* nicht mehr gesehen, glaube ich."

Es war still im Camper. Das Geräusch der Räder auf dem Asphalt war das Einzige, was konstant zu hören war. Die Prinzessin nahm ihre Hand wieder von meiner. Schweigend schauten wir aus dem Fenster.

„Das war wirklich ein gutes Set", sagte Ludger nach einer Weile in die Stille. „Da steckte ganz viel von euch drin."

Die Prinzessin legte ihre Hand auf mein Knie.

„Ich habe Bock, einen zu rauchen", sagte ich.

Die Prinzessin schaute mich müde an. „Gut. Aber ich baue."

❋ ❋ ❋

Ebenfalls erschienen

CLINT LUKAS: „Asche ist furchtlos".

Edition Periplaneta, ca. 256 S., Hardcover
print ISBN: 978-3-95996-196-7
epub ISBN: 978-3-95996-197-4

„Ihre Schönheit war unerträglich. Mit einer plötzlichen, überdeutlichen Klarheit sah ich, dass diese Frau sich niemals in irgendeiner Form binden würde. An keinen Mann, keine Frau, keinen Ort. Sie war der Flügel des Schmetterlings, den niemand berühren durfte. Und doch wünschte ich mir genau das..."

Ciri hat ihre Mutter nie richtig kennengelernt. Alle haben ihr bisher die Umstände ihres Verschwindens verschwiegen, allen voran ihr Vater. Was soll man auch erzählen, wenn die große Liebe eine von allen hofierte Dealerin der Berliner Clubszene war und man selbst nur ein geduldeter Zaungast. Als Jonas nach 15 Jahren endlich zu reden beginnt, begreift er nach und nach das Ausmaß seiner grenzenlosen Verklärung. Doch da haben seine und Ciris verdrängte Dämonen schon längst alle Macht über ihre Gegenwart.

**Ein großer Roman über Obsession
und die zerstörerische Kraft der Liebe
und über die Abgründe der Berliner Clubszene**

www.periplaneta.com

PHILIPP BAAR: „Der dreibeinige Hund lacht"

Edition Subkultur, ca. 138 S.
print ISBN: 978-3-943412-47-5
epub ISBN: 978-3-943412-48-2

Sie hat Schluss gemacht. Jans Welt ist zerstört. Aus dem heimischen Paradies vertrieben, flieht er nach Indien, um sich in Mumbai in einen Rausch aus Partys, Alkohol und Drogen zu stürzen. Während er die Stadt kennenlernt und von einem One Night Stand zum nächsten stolpert, sind Magenbeschwerden und Erektionsstörungen noch seine kleinsten Probleme. Denn er zieht ganz nebenbei die Aufmerksamkeit eines Drogenbosses auf sich.

FONDERMANN & GEBHARDT: „Freitag, der Dreißigste"

Edition Subkultur, ca. 172 S., Hardcover
print ISBN: 978-3-948949-08-2
epub ISBN: 978-3-948949-09-9
mp3 ISBN: 978-3-948949-16-7

Sascha muss raus. Raus aus dem Sauerland, weg von ihrer Familie. Es verschlägt sie nach Hamburg. Doch auch dort lässt die Vergangenheit sie nicht los. Sie muss unbedingt Svenja finden, die Freundin ihres Bruders.
Robert ist raus. Raus aus seinem Job, raus aus seinem alten Freundeskreis. Ohne einen Plan, wie es weitergehen soll, schlägt er sich weiter die Nächte um die Ohren. Er muss zu sich selbst finden und will der Künstler werden, der er immer schon sein wollte.
An einem Spätsommertag treffen Robert und Sascha aufeinander und ihre gemeinsame Geschichte beginnt. Sie begeben sich auf eine emotionale Reise, auf der sie Kiezoriginalen, Heizungsablesern, russischen Komponisten, einem Baum mit Postanschrift und immer wieder ihrer eigenen Biografie begegnen.

subkultur

Inhalt